イチバン親切な やさしいパンの教科書

豊富な手順写真で失敗ナシ！

はじめに

パン作りは、時間がかかり難しいイメージがありますが、じっくりと手間暇かけて作ったパンは、やはりおいしく仕上がります。

本書で登場しているパンには、生イーストを使用しているものが多く、発酵時間をしっかりとるなど、パン店でよく登場する本格的なものばかりです。このようなパンを、じっくり時間をかけて作っていただくために、本書ではたくさんの写真とともに、やさしく解説してあります。バターロールをこねる写真だけでも約72カット、クロワッサンでは工程写真だけでも約136カット掲載していますから、自分で作っているパンとしっかり状態を比較しながら作ることが可能です。

材料や器具も、最近では、パン、お菓子関係の専門店ができています。また、家の近くに売っているところがなくてもインターネットで購入できるようになりました。もし、本書で使っている材料のなかで手に入らないものがあれば、インターネットの通信販売などを利用してみてください。

パン作りにおいてもっとも大切なのは、工程や作業をよく知ること。これが実はいちばん難しいのです。もちろん、人によって作ったパンに対する満足度というものはさまざまだと思いますが、この本を見て作ったパンがみなさんに満足してもらえると、とてもうれしいです。

坂本りか

Contents

第1章
パン作りの基礎知識

第2章

基本のパンをマスターする

Contents

第3章
人気のパンを作る

COLUMN

パンのはなし＋①

第4章

一度は挑戦してみたいパン

COLUMN

パンのはなし＋①

本書の決まり

- 本書では生イーストとインスタントドライイーストを使い分けていますが、生イーストのものもインスタントドライイーストで作ることができます。その場合は、レシピのカッコ内の分量を参考にしてください。レシピに記載がないものに関しては、生イーストで作る方がおすすめのパンです。
- 難易度は★マークで表しています。★…初級、★★…中級、★★★…上級
- 粉の種類（商品名）は特に問いませんが、おすすめのものをカッコ内に記してあります。
- バターは記載がない限り、無塩バターを使用しています。
- レシピに記載した所要時間や発酵時間、オーブンの温度などはあくまで目安です。季節や室温などの状況により変わるため、様子を見て調節してください。
- オーブンは機種により性能が異なるので、焼き時間に合わせて温度のほうを調節してください。

Staff

写真撮影　永山弘子
デザイン　中村タマヲ
イラスト　森千夏
パン撮影協力　青井美奈子、近藤弓紀子、山根夕夏（パン教室Bread & Sweetsスタッフ）
編集・製作　バブーン株式会社（丸山綾）

第1章

パン作りの基礎知識

予備知識 1

パンを作る前のなぜ？なに？に答えます

パンを作る前に知っておきたいこと

「パンを作りたいけど何からはじめていいかわからない……」。そんな人のために、パン作りの予備知識をレクチャーします。

ソボクな疑問 1

どんなパンが焼けるの？

作りたいパンの個性を知っておきましょう

どのパンも、基本的な工程の流れは同じです。ただし、パンによってこね時間や発酵時間などが異なります。作業をはじめる前にひと通りレシピを読み、そのパンができあがるまでの流れをざっと確認しておくと、スムーズに作業が進みます。

なるべく短い時間で作りたい！

スコーンやベーグル、ピザパンなどは所要時間が比較的短いパン。時間がないのですぐに作りたいという場合におすすめ。

食事と一緒に食べたい！

食パンやバターロール、フランスパンなどはシンプルな味なので食事にぴったり。カレーパンや調理パンはそれだけで食事代わりにもなる。

甘くてお菓子のようなパンが作りたい！

甘くておやつ代わりになるパンには、基本材料以外に砂糖や卵などの材料が多くなる。そのため、しっかりこねる必要があるものも。

ちょっと難しいパンにチャレンジしたい！

本書の中でも難易度が高めなのが、フランスパンなどかたくてシンプルなパン。所要時間が長く、こねたり焼いたりするときの加減が難しい。

ソボクな疑問 2

時間はどのくらいかかるの？

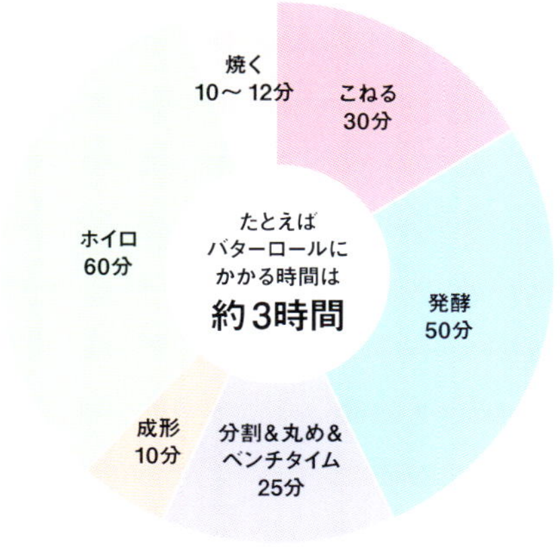

イーストの働きをじっくり引き出すのが目的

パン作りでは、こねて発酵させ、それに力を加えて再度発酵をさせるということを繰り返し行います。発酵時間はパンによってあらかじめ温度と時間が設定されていて、省略することは不可能です。

ソボクな疑問 ③

そもそもパンとお菓子はどう違うの?

パン作りの大まかな流れ

こねる
↓
発酵
↓
分割&丸めなど
↓
ベンチタイム
↓
成形
↓
ホイロ
↓
焼く

パンには発酵時間がかかります

パンとお菓子のいちばんの違いは、お菓子にはイーストが入っていないということ。イーストを使うから、パンには発酵時間が必要なのです。発酵時間をしっかりとらないと、イーストが生地内できちんと働かず、イースト特有のにおいがついたパンに仕上がってしまいます。発酵とは、パン作りには欠かせない、軸となる工程です。

パンだけの特別な材料

イースト
サッカロミセス・シルヴィシエという菌がイーストの正体。これが生地内で発酵することでパンがふくらむ。

生地をふくらませる工程

生地をしめる工程

**パンとは…
生地をふくらませたりしめたりする工程を繰り返して作るもの**

お菓子
とにかく材料が多く、分類方法もさまざま。形状で分けるのが一般的だが、その中でもジャンルは細分化される。

パン
粉と水、塩、イーストと、材料の種類は少なめだが、発酵時間が必要なのでできあがるのに時間がかかる。

ソボクな疑問 ④

特別な材料や道具はいらないの?

特別な材料や道具は必要なし!

基本的に、小麦粉に水、塩、イーストでパンは作れます。パンによってはそれ以外の材料が必要になることもありますが、多くのパンは基本材料と少しの副材料で作れます。

実際どんなものが必要かは
次ページをチェック!

最低限必要な環境はコレ!

オーブンがある
電気オーブンとガスオーブンがあるが、電気オーブンの方が一般的。メーカーによって焼きグセが違う。

こねる台がある
パン生地を作るにはこねたり成形したりするスペースが必要。40×40cm以上のスペースがある台が最適。

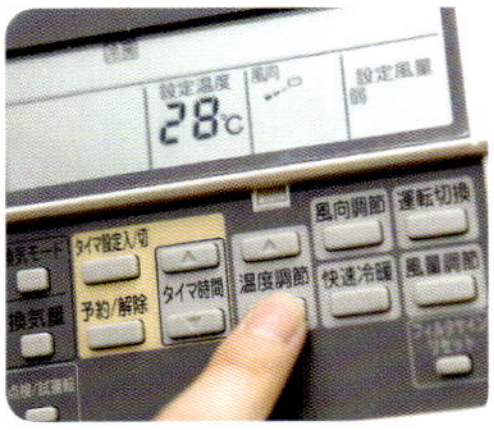

温度調節できる
イーストは温度の変化に敏感。すぐに温度調節ができるエアコンのある環境がパン作りには適している。

予備知識 2

これだけはそろえたい パンの材料

小麦粉、水、塩、イーストの4つがパンの基本材料。
そのほかバターや卵、脱脂粉乳などの材料が加わって、
パンの味わいにバリエーションが生まれます。

基本になる材料

1 強力粉
小麦粉の中でもタンパク質の含有量が多い。小麦の産地や小麦の品種によってさまざまな種類がある。

2 イースト
酸素と水、砂糖などを栄養に増殖する菌類。生イーストとインスタントドライイーストとおもに2種類を使う。

3 塩
粉の味わいを生かし、生地を引き締め、コシのある仕上がりにする。本書では、精製塩を使用している。

4 砂糖
イーストの栄養になり、発酵がスムーズになる。砂糖が多く含まれたパンはやわらかく、ふっくらと仕上がる。

5 バター
生地ののびがよくなり、焼いたときに特有のよい風味が出る。パンでは有塩ではなく無塩バターを使用する。

6 卵
生地内の水分を保ち、しっとりとした食感にする。仕上げにツヤ出しとして生地の表面にぬることもある。

7 薄力粉
強力粉よりタンパク質含有量が少ない。サクッと仕上げたいパンに強力粉と一緒に混ぜて使う。

8 脱脂粉乳
鮮やかな焼き色と香ばしい香りをつけるために使う。牛乳より日持ちがして、扱いやすい。スキムミルクのこと。

9 ショートニング
パンに軽い食感を出したいときに用いる。型やボウルに生地がつかないようにぬることもある。

10 水
すべての材料を混ぜ合わせるのに必要不可欠な存在。温度調整がいちばんしやすい材料でもある。

粉類

ライ麦粉
ライ麦の粉。グルテンを作る物質が少ないため、パン作りでは強力粉と混ぜて使う。

全粒粉
小麦の表皮、胚乳、胚芽のすべてが含まれた粉。ライ麦粉と同様、使うときは強力粉と混ぜる。

仕上げに使う材料

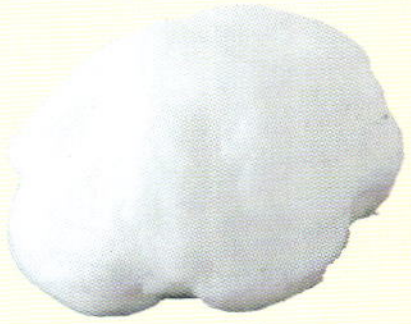

フォンダン
砂糖、水、水あめを練って作ったもの。シロップで戻し、焼き上がったパンにハケでぬる。

アプリコットジャム
ジャムの2割程度の水と一緒に煮つめて、焼き上がり後、甘いパンの仕上げにぬる。

そのほかに用意したいもの

よく使う材料

モルトシロップ
麦芽糖を煮出した液。砂糖が含まれない生地の発酵を促進させるためにごく少量使う。

牛乳
乳糖がパンの焼き色を鮮やかにする。また生地をやわらかくし、特有の香りを出す役割も。

シナモンパウダー
砂糖が多く含まれた生地に使うと甘さが引き立ち、風味がよくなる。シナモンロールには欠かせない。

レーズン
ドライフルーツの中でも使用頻度が高い。ラム酒に浸けて使うこともある。

くるみ
生地に混ぜこんだりトッピングしたりして使う。香ばしい風味と食感がある。

アーモンドパウダー
アーモンドを粉末にしたもの。おもにアーモンドクリームに使ったりする。

Column

インターネットでも材料が手に入ります
パン材料はスーパーマーケットや製菓材料店で手に入ります。近くに店がなかったり、目当ての材料が売っていなかったりしたら、インターネットの通信販売を利用してみましょう。

おすすめショップ
ベイキングデイズ
http://bakingdays.cuoca.com
強力粉やイーストなどパン作りに必要な材料のほか、型やラッピング用品など道具も販売。送料は国内一律で、8000円以上の購入で送料が無料になる。

おすすめショップ
富澤商店
http://shop.tomizawa.co.jp/
パン作りの材料はすべてそろう。とくに強力粉の種類が多く、国外、国内産ともに豊富な品ぞろえ。解凍させて成形すればパンが焼ける冷凍生地も販売している。

予備知識 3

パン作りのさまざまな道具

**手ごねでパンを作るといっても、ある程度の道具が必要になります。
とはいえどれも台所にあるものばかりなので、
持っていないものだけをそろえましょう。**

めん棒
成形の際、生地を均等の厚さにのばすときに使う。木製で重みがあり、長さ30〜40cm前後のものが使いやすい。

カード
直線の部分では生地を切ったり、かき集めたりする。曲線の部分では、ボウルや手についた生地を取ったりする。

泡立て器
イーストを溶かしたり、クリームを作るときにかき混ぜるのに使う。

生地作りで必要になる道具

はかり
1g単位ではかれるデジタル表示のものがおすすめ。材料の計量や分割の際に使う。

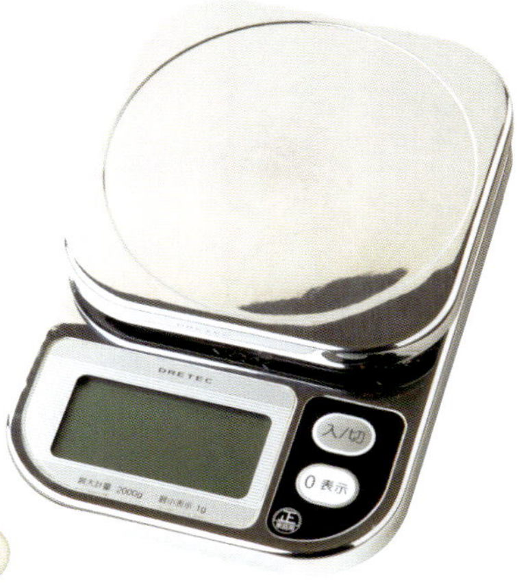

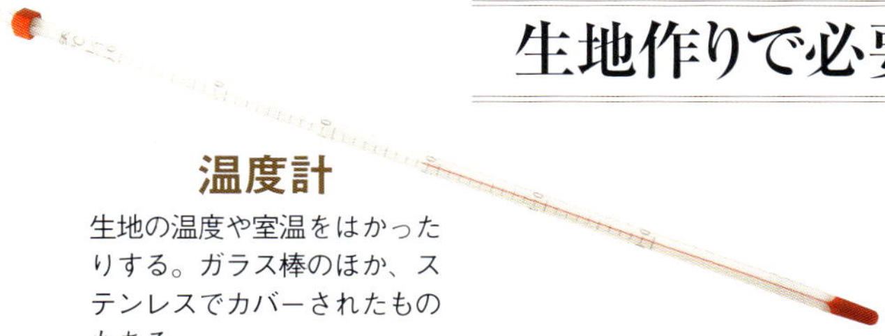

温度計
生地の温度や室温をはかったりする。ガラス棒のほか、ステンレスでカバーされたものもある。

ボウル
材料の計量や混ぜるとき、発酵させるときなど、用途が広い。大・中・小と異なる大きさのものをそろえると便利。

ゴムべら
カスタードクリームやアプリコットジャムを煮つめるときなどに使う。耐熱性のものを選ぶとよい。

計量スプーン
材料を正確にはかるために欠かせない。大さじ、小さじ、すりきり専用のヘラがセットになっているものもある。

そのほかに用意したいもの

厚手の布
ハード系のパンのホイロで使う。厚手の布がなければ、しっかりした素材のふきんなどでもよい。

ハケ
生地の表面に溶き卵をぬったり、仕上げにジャムやフォンダンをぬったりするときに必要。

霧吹き
ハード系のパンを焼くときに水を吹きかける道具。蒸気の装置があるオーブンなら必要ない。

オーブンペーパー
パンを焼くときに、天板と生地の間に敷く。洗えば何度でも使えるタイプが便利。

クープナイフ
ホイロ後の生地に切り目を入れるためのナイフ。なければ清潔なカッターなどで代用を。

成形のときに使う型やかご

抜き型
のばした生地を抜くときに使う。丸型のほか角型もある。

食パン型（1斤）
1斤、1.5斤、3斤用がある。フタつきを用意すれば山型食パンと角型食パンの両方が作れる。

ブリオッシュ型
ブリオッシュの成形に使う焼き型。円筒型の「ムースリーヌ」と呼ばれる型もある。

発酵かご
おもにライ麦を使うパンのホイロで使う。型の内側に粉をふってから使う。

Column

パンをこねる台はどんなものがよい？

自分なりの工夫をしてスペースを作って

パンを手ごねで作る場合は、少なくとも40cm四方のスペースがある台が必要になります。台所が狭くてスペースが確保できない場合は、ガスレンジにカバーを掛けてスペースを作るなど、自分なりに工夫をしてみましょう。

おすすめはコレ！

塗料などの加工がされていない厚さ2～4cmの木板を、スチールラックの上に重ねればパン台に。

スペースがない場合は

ダイニングテーブルに少し厚めのビニールシートを敷けば簡易パン台に。専用のパンマットは種類がいくつもあるので大きめを用意。

予備知識 4

さあ　パン作りをはじめましょう!

**材料と道具をチェックしたら、いよいよ
パン作りの開始です！　その前に、パン作りの製法を学んでから、
材料の計量などの準備に取りかかりましょう。**

その前に

パンの製法について学びましょう

ビギナーにはストレート法がおすすめ

パンの製法は大きく分けるとふたつあります。まず、材料をこねて焼くまでの工程を一度で行うのがストレート法です。材料の一部であらかじめ発酵生地を作り、もう一度、こねる作業を行うのが発酵種法です。ただし、ストレート法のなかでもクロワッサンやデニッシュペストリーの製法のオーバーナイト法は、こねてから冷蔵庫でひと晩冷やすため、できあがるまで2日かかります。

初心者はストレート法のパンから作り始めると失敗が少なくなるでしょう。

クロワッサンは
オーバーナイト法

バターロールは
ストレート法

フランスパンは発酵種法

最低でも2日はかかるパン

**フランスパン、パン・ド・カンパーニュ、チャバッタ、
パン・ド・セイグル、クルミレーズンパンなど**

製法は 発酵種法

おもな流れ

当日	前日
こねる	こねる
↓	↓
発酵	発酵
↓	
分割&丸め	
↓	
ベンチタイム	
↓	
成形	
↓	
ホイロ	
↓	
焼く	

発酵種を発酵させるのに10時間以上かかるため、次の日に焼き上げまで行う。

生地をしっかりつなげる

材料の一部で前日に発酵種を作り、当日に残りの材料と一緒にこねて焼き上げる方法。天然酵母のような空気中に散乱する菌を培養して、発酵種を作る方法もあります。発酵を2回に分けることで、粉と水の分子がしっかりくっつくので、しっとりと焼き上がり、日持ちもよくなります。

例外 中種法

材料の大半の粉とイースト、水を混ぜて作る方法を中種法といい、これも発酵種法に属する。これ以外にも、中種に分量の砂糖を入れて作る加糖中種法もある。両方とも1～4時間の発酵で種ができるので1日で作ることができる。

1日あれば作ることができるパン

**バターロール、スイートロール、シナモンロール、
食パン、ライ麦パン、ベーグルなど**

製法は ストレート法

おもな流れ

こねる
↓
発酵
↓
分割&丸め
↓
ベンチタイム
↓
成形
↓
ホイロ
↓
焼く

1day

パン作り初心者はここから

材料を混ぜてこね、発酵、成形、ホイロ、焼くまでを一度に行う方法。工程が単純なので初心者に向いています。小麦の風味を生かすことができ、発酵種法に比べると、所要時間が比較的短くてすむのが特徴。パン作りに慣れるまで、この方法のパンを作ってみると流れがつかみやすくなるでしょう。

例外 オーバーナイト法

クロワッサンやデニッシュペストリーなどバターを多く生地に折りこむ方法。製法はストレート法に属するが、生地をこねて発酵、ガス抜きまで行い、ひと晩冷やして扱いやすくするので、実質的に焼き上がるまで2日かかる。

パン作りの流れをおさえたら…

いよいよパン作り！ まずは準備をしましょう！

台の上は清潔にして計量は1gまで正確に

パンの材料の計量をはじめる前に、作業台の表面と周辺をきれいにしておきます。計量するときは、材料をいったん台の上に出し、室温に戻してから行います。計量は、デジタルばかりなどを使って正確に行いましょう。

① レシピを確認

材料（山型食パン1斤）
強力粉（スーパーキング）…250g
砂糖…13g
塩…5g
脱脂粉乳…5g
バター…5g
ショートニング…8g
生イースト…5g
（インスタントドライイーストの場合は2g）
水…175g

材料を室温に戻す

計量の1時間ほど前に常温におく。とくにバターや牛乳は冷たいまま使えば発酵に影響が。

台の上を清潔にする

清潔な濡れぶきんで、台の上をきれいにふく。倒しやすいものなども台の周りに置かない。

② 計量する

計量グッズはコレ

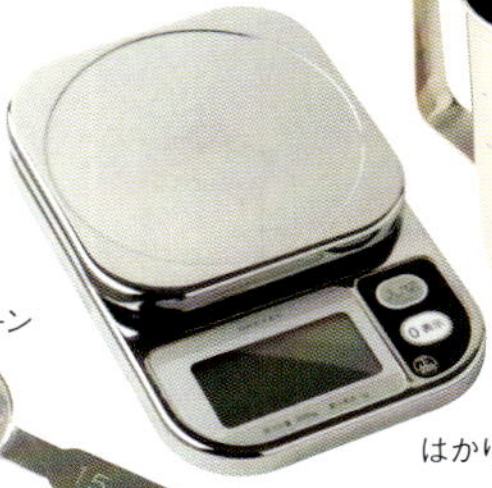

はかり

計量カップ

計量スプーン

計量する容器ごとはかればラク

デジタルばかりについている「0表示」機能なら、容器をのせたまま計量できる。

脱脂粉乳はラップする

脱脂粉乳は、湿気を吸うと固まってしまうので、計量したらすぐにラップをかけること。

さじ表記のものを計る

すりきり専用のへら

→

すりきりを使う

大さじや小さじ1杯をはかる場合はすりきりを使ってはかる。

小さじ1杯（5cc）未満をはかるときは…

例 1gのインスタントドライイーストをはかる場合

小さじ1杯分をはかり、容器に移す。小さじ1杯分のインスタントドライイーストは約3gなので、容器に移したイーストを目分量で3等分する。

水を計量したら適温にする

イーストの働きが活発になりやすい20～40℃に水の温度を調節しておく。

適温 20～40℃
真夏は水道水でOK
真冬は約35～40℃にする

NG 40℃以上、4℃以下

次ページからこねる作業に入ります

パンの基本手順

1

こねる

材料を混ぜてこね、小麦粉内のグルテンを形成するのがこねる目的です。本書ではふたつのこね方を推奨しています。

イーストが発するガスをキャッチするようグルテン組織を鍛える動作

計量が終わったら、材料を合わせてボウルの中である程度まとまるまで混ぜます。生地がひとまとまりになったところで台に移し、生地を練って全体のかたさを同じにします。このあとようやくこねる作業に入ります。

こねることで生地のかたさが均一になり、生地内のタンパク質が強化され、網目状の膜ができあがります。これをグルテンといいますが、こねる工程の最終確認は、生地の一部をのばすとわかるグルテン膜で行います。

こねる時間はパンによって異なります。たとえば、やわらかく仕上げたいパンは時間をかけてこね、かたくてシンプルなパンは、あまりこねず発酵に時間をかけます。グルテン膜の状態もパンによって異なるため、こまめに確認しながらこねていくのが大切です。

こねる 工程のポイント

1 グルテン膜の状態を確認する

こねている途中でこまめにグルテン膜の状態を確認することが大切。本書と見比べながら最終的に写真のような膜の状態にする。

2 ひとまとまりになるまで練る

材料をボウルで混ぜ合わせたらすぐにたたかずに、台の上で練ってかたさをある程度同じにしてから練る。こうすることでスムーズにこねることができる。

3 同じ方向だけでこねない

こねる工程で大切なのは、角度を変えながらまんべんなくこねること。グルテンは網目構造の組織なので、多方向に力を加えてこねる。

ボウルの中で混ぜる

すべての材料を混ぜ合わせるときには、手全体を使うのではなく、指先で円を描くように混ぜます。こうすると、必要以上に生地が手にくっつかず、スムーズに混ぜることができます。

指先を時計回りに回しながら、ボウル内の材料を、水気がなくなるまで混ぜる。

指先を使って円を描くように

台の上で練る

ひとかたまりになった生地は台の上に移してさらに混ぜます。生地を上下に交互に動かしながらこすりつけるようにして練るのがコツ。全体にムラがなくかたさが同じになったら完了です。

台の上に移したら、手についた生地をカードでしごいて残さず取る。

同じく、ボウルについた生地もカードできちんと集める。

材料を一緒にする

材料を一緒にするときは、強力粉や塩、砂糖など粉類なら粉類だけをボウルで合わせ、別のボウルに水とイーストを混ぜ合わせます。これを最終的にひとつのボウルで一緒にして、混ぜ合わせます。

粉類は同じボウルに

パン作りでは粉類がメインの材料になるので、少し大きめのボウルで混ぜるとよい。最終的に材料をまとめるのがこのボウル。

生イーストは水と溶いておく

生イーストは、あらかじめ水と一緒に混ぜて溶かしておく。インスタントドライイーストの場合は粉類のボウルと一緒にする。

すべて同じボウルに合わせる

生地を両手で持ち、片方の手は上へ、もう片方は下へ動かす。台を利用しながら押しつけるようにする。

交互に上下に動かして、生地を引きちぎりながら練る。生地の種類によって、感触はさまざま。

生地の色やかたさがだいたい同じになったら、手や台についた生地をカードできれいに取る。つぎにこねる作業に移る。

こね方は2種類あります

やわらかめの生地はたたいてこねる

本書で紹介しているすべてのパン生地に対応するこね方です。とくにバターや砂糖など副材料の割合が多く、よくこねる必要のある生地に適した方法です。

Start!

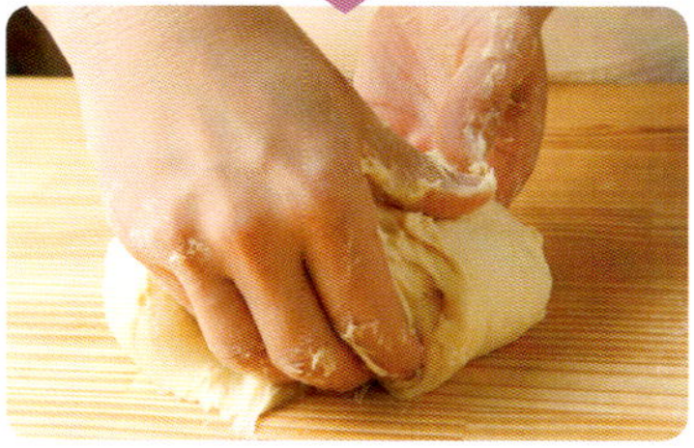

生地の底から指を差しこみ、生地を持ち上げる。このとき、手全体で生地をつかむようにして持つと、ベタついてうまくたたけないので注意。

生地をそのまま返し、下端を台にたたきつける。

手に持っている方の生地を、たたきつけた生地の上にかぶせ、手を離す。こねはじめはベタつくが、ここで打ち粉はしない。

上記の工程を規定の時間になるまで続ける。2回目は手を斜めにして底から持ち上げはじめることで向きが変わるので、多方向からこねていることになる。

途中で手についた生地を取る

こねている途中は手に生地がついてくるので、途中でカードを使ってきれいに取ってから再びこねる。

取った生地を捨ててしまうと最終的なパンの数が減ってしまう。

かためた生地は押してこねる

かための生地をこねるときはこの方法で行います。台にくっついてきたらたたいてこねます。手のつけ根を使って、手前から奥へすべらせるように生地を転がすのがポイント。

Start!

台に移した生地を手前に向かって二つ折りにする。

生地を手前に持ってきて、生地の合わせ目に手のつけ根を合わせる。

台に生地を押しつけながら、奥に向かってすべらせる。生地の合わせ目がだんだんと上に向いてくるようにするのがベスト。

生地の向きを右に90度変え、上記のように生地を二つ折りにして、同じようにこねる。規定の時間になるまでこれを繰り返す。

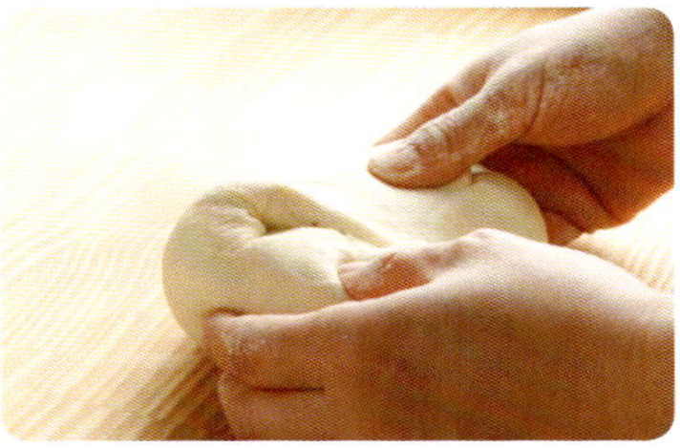

こね上がりは グルテン膜で見きわめます

小麦粉と水を混ぜてこねていくと、グルテンという膜状の組織ができます。この膜が、イーストが発酵する際に放つ炭酸ガスをキャッチしてふくらみます。どの状態までこねるかは、グルテン膜の状態を確認することで決まります。

こねる作業が終わったら…

こね上がりの温度を計る

こね上がりの生地の温度をはかって確認する。写真のように生地に直接温度計を刺して温度をはかる。24～30℃になっていたら、発酵に移る。

こね上げ温度より極端に低い場合、高い場合

ベストなこね上げ温度よりも低い場合は、所定の時間より長く発酵時間をとる。逆にこね上げ温度が高すぎる場合は発酵時間を短くとる。また、ベストなこね上げ温度と比較して2℃以内の違いなら、パンの仕上がりに極端な影響は出ないので、それほど神経質にならなくてもよい。

方法その1 温度が低すぎる場合

20℃未満の場合は、発酵時間を10～20分長くとる。確認しながら、ベストな状態を見きわめる（P23参照）。

方法その2 温度が高すぎる場合

手ごねの場合、30℃以上になることは基本的に少ないが、もし温度が上がってしまったら最初の発酵は室温でとる。

バターやショートニングを入れる場合は…

19ページへ

生地をいったん平たくして油脂類をおき、四方の生地で包む。油脂類を包んだ生地は、P19の「台の上で練る」方法と同じように練る。ベストなグルテン膜の状態になるまで所定の時間こね続ける。

グルテン膜のチェックのしかた

生地の一部を切り取る

生地の一部をカードで切り取る。生地をむりやり引きちぎったりしないこと。

生地を上下左右にゆっくりのばす

指先を使って、上下左右にのばす。ゆっくりと慎重にのばしていく。

のばした面がだんだんと薄くなり、グルテン組織が見えはじめる。

透けて見えたらこねる作業は完了

うっすら筋のように見えるのがグルテン膜。途中で切れてしまったらこね足りない証拠。

膜の状態はパンによる

こね上がりを見きわめるグルテン膜の状態は、パンの種類によって異なる。

パンの基本手順 2

発酵

イースト菌が活動することで生じた副産物が生地の中に入ってふくらむことを発酵といいます。

発酵の工程では、イーストが働きやすい環境を作るのが大前提

イーストとはパン酵母のことです。イーストがパン生地の中に入ると、生地内に含まれたショ糖やデンプン質を食べて、炭酸ガスや香味成分などを発生させます。これがグルテン組織に入って生地がふくらむことを発酵といいます。

発酵がスムーズに進むか進まないかは、温度の管理にかかっています。イーストが活動しやすいのは、温度が28～40℃、湿度は70～80％の環境です。発酵の工程では、この温度の範囲を守って乾燥に気をつけながら管理します。

最近のオーブンには、パンの発酵機能がついているものも。これなら初心者も簡単に管理ができます。オーブンに発酵機能が備わっていない場合は、規定の温度に近い場所で、ラップをかけるなどして乾燥を防ぎながら管理してください。

発酵 工程のポイント

1 生地より2～3倍大きなボウルで

発酵後の生地は発酵前より1.5～2倍大きくなるため、大きめのボウルで発酵させる。ボウルの内側には油脂類を塗って生地がつかないようにし、乾燥しないようラップをかける。

2 温度と時間の設定を正確に

本書ではパンの個性に合わせて、成功しやすい数値を提示している。パン作り初心者はまずレシピ通りに作ると失敗が少ない。

3 適した発酵場所を見つける

オーブンレンジに発酵機能があるなら、利用するのがベスト。オーブンレンジはあるけれど発酵機能がない場合は、条件に近い発酵環境を見つける。

発酵に適した場所は？

25℃以下にならず乾燥しない場所がベスト

家庭用の発酵機のほか、オーブンレンジの発酵機能も管理しやすいもののひとつ。発酵機能がない場合は発泡スチロールや食器かごなどを利用するなどの工夫しましょう。

おもな発酵場所

レンジの機能で

温度や時間が設定できる発酵機能が便利。ただしメーカーによって細かい温度設定ができないものも。

発泡スチロール箱で

40～50℃のお湯を張った発泡スチロールや食器かごに、生地を入れたボウルを入れ、ふたをする。

出窓やお風呂場で

直射日光の当たらない出窓や暖かいお風呂場、こたつの隅など乾燥しにくく温かい場所なら場所は問わない。

パンチのしかた

生地内のガスを抜く作業

発酵の途中に、生地内に発生した炭酸ガスを抜く工程のこと。パンチをすることで、まばらだった炭酸ガスの気泡がそろい、再び発酵させたときによりふくらむようになります。パンチをしない生地もあります。

①打ち粉をした台に発酵した生地を取り出し、中心から外側に向かって手のひらで軽く押しつぶす。

②左右の端から二つ折りにする。さらに上下の端から二つ折りにして、合わせ目を下に向ける。ボウルに移し、再度発酵をとる。

発酵の見きわめ方

生地のふくらみとフィンガーテストを忘れずに

正常に発酵しているなら、発酵前の生地より1.5～2倍ふくらんでいます。さらに指を入れてみて穴がふさがらなければ発酵は正常に終わった証拠です。

発酵前と発酵後の大きさを比べる

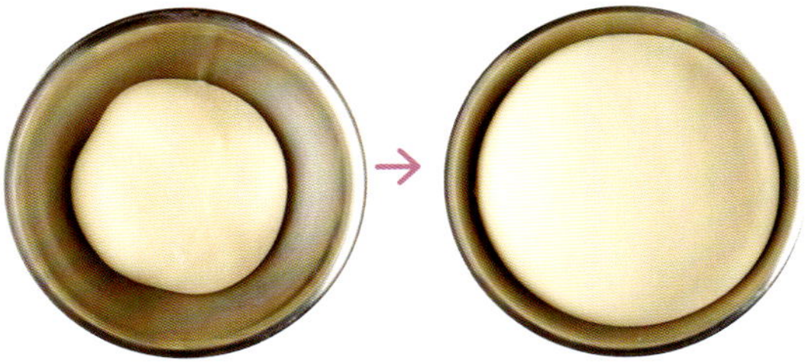

発酵前　→　発酵後

フィンガーテストで見きわめる

規定の発酵時間が経ったら、小麦粉を指につけて、発酵した生地に差しこんでみましょう。

穴が戻ってしまう → 発酵不足

ラップをかけなおして同じ温度で10分待つ。それでも発酵不足ならもう10分発酵させ、様子を見る。

穴はほぼそのまま → 発酵正常

穴はそのまま、または穴が1～2割ふさがる程度なら発酵が正常に終わった証拠。次の工程へと移ってよい。

生地がしぼんできた → 発酵過多

全体がしぼんだり、表面に気泡が出てきたら発酵のとりすぎ。やり直しができないので仕上がりは悪いが次の工程へ。

パンの基本手順

3

分割&丸め&ベンチタイム

成形しやすくするために、あらかじめ生地を分け、
生地ののびを回復させるためにひと休みさせます。

成形をスムーズに行うために省略できない工程

発酵が終わったら成形へと移りますが、その前段階の工程が分割と丸め、ベンチタイムです。分割とは、その名の通り、生地を分けることです。分割した生地を、成形しやすいようにする作業が丸めです。ただ丸くするだけではなく、グルテン組織の強度をアップさせなければいけません。そのためには、生地を台にこすりつけながら、表面を張らせるように丸めることが大切です。

丸め終わった生地をすぐに成形しようとすると、表面が張りすぎていて、めん棒でのばしたり折ったりするとすぐに縮んでしまいます。そこで少し時間をおいて休ませ、生地をある程度まで膨張させます。この工程がベンチタイムです。ベンチタイムでは生地の乾燥に気をつけましょう。

分割&丸め&ベンチタイム 工程のポイント

1 分割はスピーディーに

分割はカードやスケッパーで行う。生地を切るときはスパッと一気に行うときれいに分割できる。生地は引っ張らないようにすること。

2 丸めで生地の表面を張らせる

丸めの作業も分割と同様に素早く行う。手のひらで生地を包んで、台にこすりつけながら生地を回転させる。生地の表面がつるんとしたらOK。

3 ベンチタイムでは乾燥に注意

丸めた生地は台の上で10～15分間おく。短時間でも生地から水分が蒸発してしまうので、かための生地には必ず大きめのビニールをかけること。

40g程度の小さめの分割では、生地をいったんうず巻き状に切ってからにすると分けやすい。

分割した生地が所定の重さになっているかをはかる。

分割は“スピーディーに”が鉄則

カードやスケッパーで行うとスムーズ

分割は、スピーディーに行います。ちぎったり引っ張ったりすると、せっかくできたグルテンが破壊されてしまい、ふんわりとしたパンに仕上がりません。カードやスケッパーなどで、一気に切るのがコツです。

生地が余ってしまったら…

規定の分割量の半量以下(80g分割なら40g以下)の生地が余ったら、余った生地を分割後の個数に等分する。分割量の半量以上余った場合は、小さめに成形する。

1 分割した生地が12個ならば、余った生地を12等分する。

2 等分した生地は分割後の生地に合わせる。のちに丸めるときに一緒になる。

生地の丸め方

手の回転を利用して丸める

生地の丸め方は、大きさによって方法が異なります。小さな生地は、片方の手のひらで包み、台にこすりつけながら反時計回りに回転させます。大きな生地は両手で奥から手前へ引き寄せるようにして丸めます。

大きい生地

生地を両手で持ち、両手の指と台の間に生地を少しはさむ。このまま奥から手前に引き寄せる。手前まできたら生地の角度を90度変えて奥に置き、さらに手前に向かって引き寄せる。これを3～4回繰り返す。

小さい生地

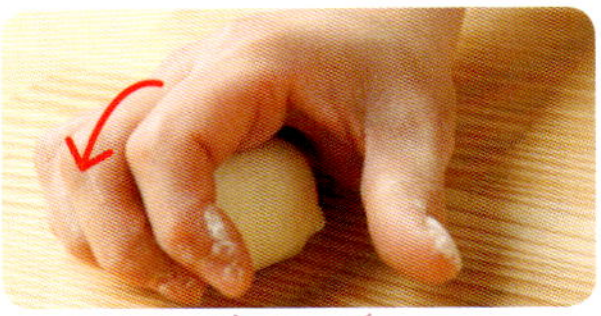

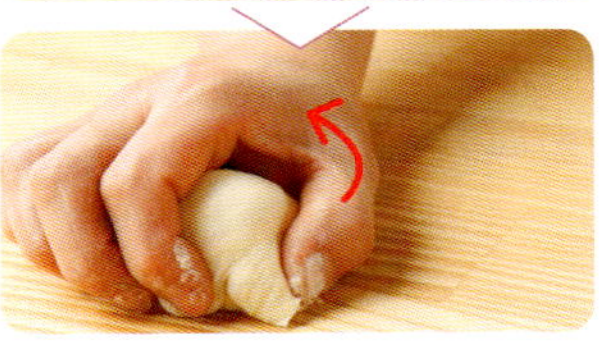

生地を手のひらで包む。指と台の間に生地を少しはさみ、台にこすりつけながら反時計回りに回転させる。これを3～4回転させ、最後に裏の生地をつまむ。ただし、丸めすぎると生地がベタつくので注意。

NG 生地の表面を張らせること

写真右のように生地の表面がデコボコしているのは丸め足りない証拠。

回して丸めるのが難しい場合は

1 生地を少し引っ張って、左右にのばす。

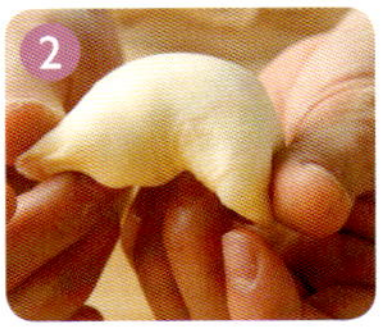

2 生地の端同士を下でくっつける。90度向きを変えて、1と同様に生地を引っ張る。

3 のばした生地同士を下でくっつける。裏返して合わせ目を指でつまんでとじる。

ベンチタイムの心得

ベンチタイムは発酵とは違う

ベンチタイムは発酵と違い、短時間である程度まで生地をゆるめるのが目的。くれぐれも時間を置きすぎないようにします。

生地が十分にかぶせられるような大きさのビニールを必ずかけること。

パンの基本手順

4

成形

パンの容姿を決める作業が成形です。
めん棒を正しく持ち、素早く行うのが肝心です。

スピーディーに成形し 生地の表面にハリをもたせる

成形とは、生地を最終的なパンの形に整えることです。成形の形は、パンの数ほどあるといっていいほど多彩です。同じ生地でも成形を変えることで、中身の目のつまりや口当たりが異なってくるのは、パン作りのおもしろさのひとつです。

成形する際にはしっかりと表面を張らせることが重要です。そうすることで、ふっくらと焼き上がります。また、クロワッサンのような折りこみ生地の場合は、生地からバターが溶け出してきてしまい、特徴であるバターの層がつぶれてしまうので、素早く行うことも重要です。

うまく成形するためにも、めん棒の使い方から覚えましょう。成形が終わったら、生地のとじ目をしっかりとじることも忘れないようにしてください。

成形 工程のポイント

1 めん棒の使い方をマスターする

成形にはめん棒を使うことが多い。スピーディーに成形するためには、めん棒のかけ方をマスターすることが大切。

2 とじ目や合わせ目をしっかりとじる

生地を巻いたり折り曲げたりしたあとに、生地の合わせ目やとじ目をつまんでとじることで、焼いたあとのパンのボリュームも出る。

3 スピーディーに行うことも必要

バターが多く含まれた折りこみ生地の成形を手間取っていると、バターが溶け出してしまう。成形はなるべく迅速に行うと仕上がりも美しくなる。

めん棒の正しいかけ方をマスターする

正しくめん棒を持つことが基本

めん棒をかけるのは、生地の厚さを均等にすることが第一の目的です。
それにはめん棒の持ち方から注意します。また、めん棒をかけるときは、
力を入れすぎず、生地の上をすべらせるようにするのがコツ。

成形のポイントはめん棒のかけ方

❶ めん棒は左右均等に持つ

生地とめん棒の中心点を合わせ、左右の軸の長さが同じになるように持つ。こうすることで左右均等に力が入る。

❸ 中心から上下にかける

中心から生地の上部をかけたら、中心に戻り、次に生地の下部をかける。このように、生地の中心点をいつも始点にすること。

❷ 体の中心と生地の中心を合わせる

体の中心と生地の中心を合わせることで、めん棒に均等な力が加わる。めん棒と生地、体のそれぞれの中心が重なるようにする。

❹ 力を入れすぎない

力まかせにめん棒をかけると、表面が裂けてしまう。手の力でのばそうとせず、軽く体重をめん棒にのせて、その重みでのばしていく。

基本の成形パターン

丸形、棒形、俵形と基本の成形は3種

本書で紹介している成形方法のベースになるのが以下の3パターンです。
このほか、巻きこんでから切る方法や、折り紙のように幾重にも生地を
折る方法もあります。詳しくはパンのレシピを参考にしてください。

棒形

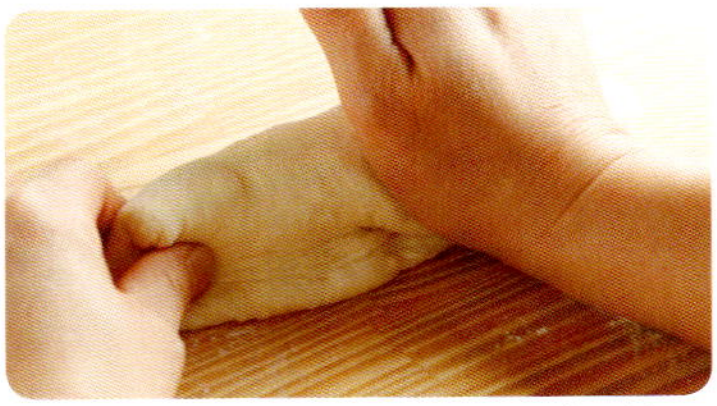

手のひらで丸くつぶし上下1/3ずつ折り、手前に半分に折って合わせ目を押さえる。

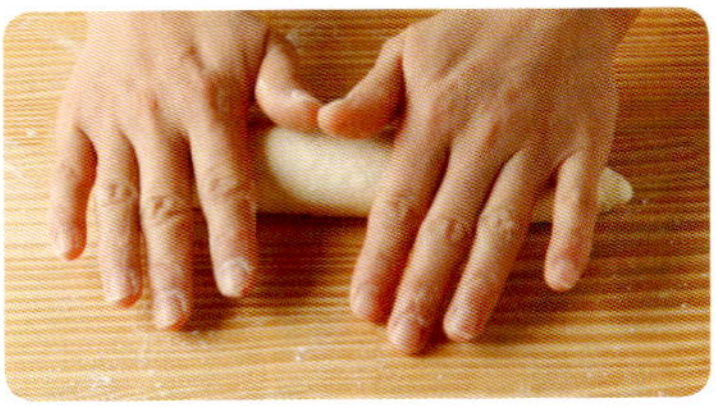

生地の両端を台の上で転がして、両端をやや細くする。

丸形

生地を手で包み、指と台の間に生地を少しはさみながら2～3回反時計回りに回す。

生地の表面が張ってきたら、生地の裏の合わせ目をつまむ。

俵形

めん棒でだ円形にのばし、横にして、上下1/3ずつ折る。折り目は手でつぶす。

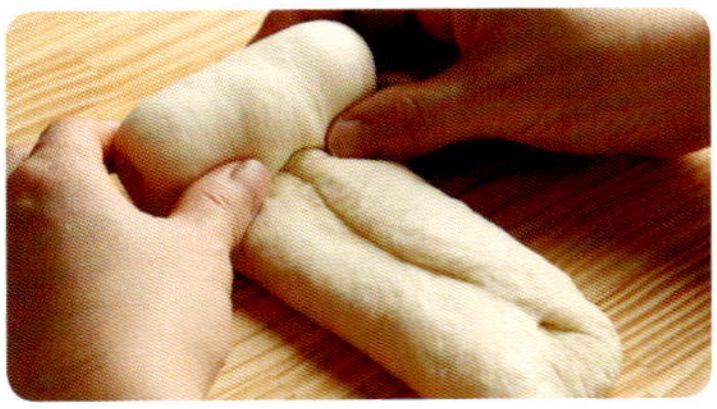

生地を縦にして、上端からくるくると巻く。巻き終わりは指でつまんでとじる。

パンの基本手順

5

ホイロ

パンのやわらかさを決める最終段階がホイロです。ホイロをとりすぎると、パンがしぼんでしまうので注意。

最終的なボリュームを決める気が抜けない工程

成形後の生地は、グルテン組織が鍛えられて弾力が出ています。この状態のまま焼いてしまうと、ぼそぼそとしたふくらみのないパンになってしまいます。ふっくらと焼き上げるためには、もう一度発酵させてイーストの力を最大限に引き出し、生地の伸縮性を取り戻さなくてはなりません。この工程がホイロです。これたあとの発酵を前発酵、ホイロを後発酵と呼ぶこともあります。

ホイロには、温度が32～38℃で湿度が75～80％の場所が適しています。天板の上にオーブンペーパーを敷いて生地を置き、霧吹きで水を吹きかけたり、ビニールをかけたりして乾燥を防ぎながら管理します。元の生地が1・5～2倍ほど大きくなるくらいがホイロ完了の目安です。

ホイロ 工程のポイント

1 ホイロのとりすぎに注意

イーストの力が限界まで達するとそれ以上はふくらまない。ホイロをとりすぎると逆に生地がだれてしまい、焼いてもふっくらと仕上がらない。ハード系のパンではクープも入れにくくなる。

2 1.5～2倍の大きさになるまで待つ

ホイロ前の生地より1.5～2倍大きくなったらホイロ完了の合図。肉眼でわかりにくい場合は、生地を指で少し触って、持ち上げるとつぶれそうな感じであればいい。

3 デリケートなのでやさしく扱う

ホイロ後の生地はデリケート。とくにハード系パンは形がくずれやすいので、クープを入れるときや天板に移し変えるときには十分に注意する。

ホイロの見きわめ方

こまめに状態を観察しておくこと

ホイロの見きわめ方は、パンの種類によって多少異なります。基本的には、ホイロ前より1.5～2倍大きくなっていればベスト。この段階ではくれぐれもホイロのとりすぎに注意し、こまめに様子をみながら管理しましょう。

食パンの場合

ホイロ前

ホイロ後

生地の上端が型の縁ぎりぎりまで上がってくるまで待つ。

ホイロをとりすぎると

ホイロ過多

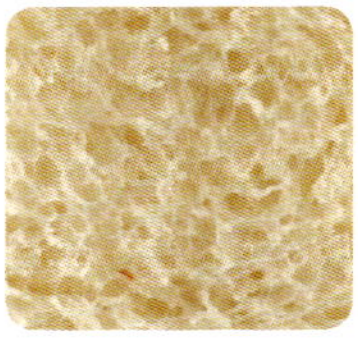

正常

クラム（内面）が広がる

中身（クラム）の目が横に広がってしまい、かつ粗くなってしまう。

バターロールの場合

ホイロ前

ホイロ後

バターロールのようなやわらかいパンは、2倍ほどふくらんだ状態が目安。

ホイロをとりすぎると

ホイロ過多

正常

ボリュームが出ない

ホイロをとりすぎた状態で焼くと、生地が逆にしぼんでしまう。中身のキメも粗い。

ライ麦パンの場合

ホイロ前

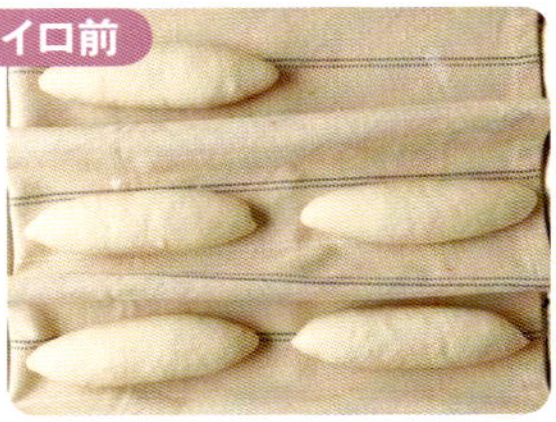

ホイロ後

ライ麦パンに代表されるハード系は、1.5倍ほどふくらんだらホイロの工程は完了。

ホイロをとりすぎると

ホイロ過多

クープを入れるとシワが入る

ホイロをしすぎたハード系のパンは、クープを入れたとたんに周辺にシワが入る。

オーブンにホイロ機能がないときは…

生地をのせた天板を大きめのビニール袋に入れ、空気を入れて口を縛る。バットに40～50℃のお湯を張り、ビニールをかぶせた天板を重ね、所定の時間待つ。

ハード系パンのホイロには厚手の布を用意

ハード系のパン生地はデリケート。ホイロをとるときは厚手の布で山を作り、その溝に生地をのせる。大型のパン生地を天板に移すときは直接手で持たず、木の板などを使うこと。

パンの基本手順
6
焼く

いよいよパン作りの締めくくり、焼き上げ。ここではオーブンの特徴をつかむことが大切です。

オーブンの性質を見きわめた上で様子をみながらしっかり焼き上げる

ホイロが終了したら生地をすぐにオーブンで焼くために、ホイロの最中にオーブンはあらかじめ予熱しておきます。オーブンでホイロをしている場合は、予熱の時間も考えて、早めにホイロを終えて、予熱を始めます。

下準備を終えたら焼く作業です。焼く作業で気をつけたい点は、オーブンの種類によって焼きムラがあること。それがすべての原因ではありませんが、焼いている最中はこまめに状態をチェックし、天板の向きを途中で変えるなどして調節すれば、焼きムラの問題はクリアできるはずです。

パンが焼き上がったらすぐに天板から網に移し、しっかり冷まします。特に食パンなどの型入れタイプのものは、焼き上がったら型からすぐに出しましょう。

焼く 工程のポイント

1 オーブンは必ず予熱する

予熱しないまま焼くと、中が生焼けの原因に。また、実際に焼けるまで、レシピの指定時間以上かかってしまい、結果的に焼きすぎになる。

2 オーブンの焼きグセを見きわめる

オーブンによって上火や下火だけが強かったりするものもある。上火が強いオーブンは下の段を使って焼き、下火が強いオーブンは上の段を使ったり、天板を二重に重ねたりして工夫する。

3 焼き色をこまめに確認する

オーブンによって、実際の庫内の温度が異なる場合がある。焼き時間は、放っておかず、こまめに庫内を確認しながら焼いていくのがコツ。

オーブンのクセを知る

焼きグセを知ることが成功へのカギ

家庭用オーブンには、レンジオーブンとガスオーブンの2種類があり、どちらにも一長一短があります。レンジオーブンよりガスオーブンのほうが火力は強いので、一気に香ばしく焼き上がりますが、レンジオーブンの方が水分の蒸発が少ないので、ガスオーブンよりもしっとりと焼き上がります。手持ちのオーブンのクセを知るために、一度試し焼きをしてみるのもいいでしょう。

レンジオーブン

写真提供／パナソニック

特徴

内蔵されたヒーターで熱を発する。火力は弱いがパン生地の水分の蒸発が少ないため、副材料の割合が多いソフト系のパンに適する。メーカーによって、ヒーターやファンの大きさが異なるため、焼成後の状態にも差が出る。

レンジオーブンで焼くときは

設定温度を高めにする

レシピの指定温度を高め（10～20℃）に設定して焼いてみる。所定の焼き時間の7～8割の時間になったら一度焼き色を確認し、色つきがよければ、少し温度を低くしてみる。

ガスオーブン

写真提供／東京ガス

特徴

火力が強く、一気に温度が上がるが、逆に下げるのに時間がかかる。温度設定が高すぎると、急に下げられないのが短所。強い火力でパリッと焼けるのでフランスパンやライ麦パンなどのハード系パンに向いている。

ガスオーブンで焼くときは

設定温度を低めにする

庫内の温度を一気に下げるのが難しいため、高めに温度設定をすると焼きすぎになる可能性が。レシピの指定温度よりやや低めに設定し、焼き時間の後半になったら少し温度を上げる。

オーブンの天板で一度に焼けないとき

天板が1枚しかないときは

10個以上のパンを作るときは、相当大きなオーブンでないとすべて同時に焼くことができません。そういうときは、1枚の天板にある程度の間隔をもって焼ける分だけ焼きます。残った生地はオーブンペーパーなどを敷いた別の天板か板の上にのせ、ビニールをかけて、室内のなるべく涼しい場所におきます。焼き上がったら天板に移し、すぐに焼きはじめます。

例：ロールパン16個分を焼くときは

これを焼いている間は涼しい場所に置く

残った生地は乾燥させないよう涼しい場所に置いておけば、よほどのことがない限りホイロのしすぎにはならない。

家庭用オーブンで焼くときに必要なこと

レシピ通りに焼いてもなぜうまくいかないの？

家庭用オーブンでパンを焼くときに大切なのは、設定温度よりも実際の庫内の温度です。家庭用オーブンで200℃に設定したとしても、オーブンによっては、それよりも高かったり低かったりします。このように、家庭用のオーブンは庫内の温度が安定しにくいことが多いので、レシピ通りの温度と時間で焼いても、うまくいかないことがあるのです。

そんな場合は、指定時間の7～8割の時間まで焼いたところで、庫内の様子を確認します。それで色つきが悪ければオーブンの温度を上げます。色つきがよすぎるなら、温度を下げる必要があります。このように、焼き色を確認しながら、温度を上げ下げして調節していくことが、家庭用オーブンでパン作りするときに、最も大切なポイントです。

焼く前の下準備

バターロールやスイートロールなどやわらかい生地のもの

溶き卵をぬる

溶き卵をハケでぬり、こんがりと香ばしい焼き色をつける。

副材料をトッピングする

フルーツやナッツなどの副材料は、焼く直前にのせる。

フランスパンやブレッツェルなどかたい生地のもの

クープを入れる

クープナイフで生地の表面に切りこみを入れる。ハード系パンには欠かせない工程。

霧吹きで水を吹きかける

ハード系パンは皮が厚くなりやすい。水を吹きかけることで皮がやや薄くなる。

パンの仕上がりをよくするための工程

生地を焼く前には、必ずオーブンの予熱をしますが、それ以外にもさまざまな準備があります。ソフト系のパンは、焼き色を鮮やかにするために溶き卵をぬります。いっぽうハード系のパンには、クープ（切りこみ）を入れ、霧吹きで水を吹きかける工程があります。

まずはオーブンの予熱をする

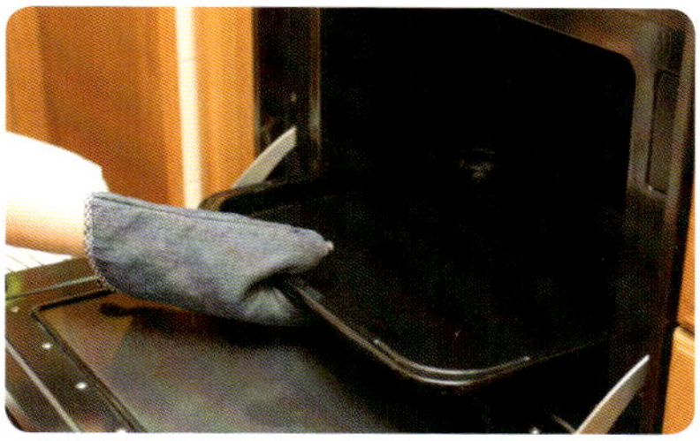

予熱温度と時間はレシピの指定時間と温度を参考にする。

熱々の天板に移すこと！

ハード系パンでは、天板を入れたまま予熱をし、熱々の天板に生地を移して焼く。

焼き上がり後の処理

副材料をぬる

パンの表面にツヤを出すために、煮つめたアプリコットジャムをハケでぬる。

フォンダンをぬって味のアクセントをつけることも。見栄えも華やかになる。

食パンは型から出す

食パンは焼き上がったらやさしく型から出す。

粗熱を取ることが第一

パンが焼き上がったら、天板から素早く網に移し冷まします。食パンなど型に入れて焼いたものは、すぐに型から出しましょう。スイートロールやデニッシュペストリーなどは、仕上げにフォンダンや、煮つめたアプリコットジャムをぬります。

型のまま放置すると腰折れする

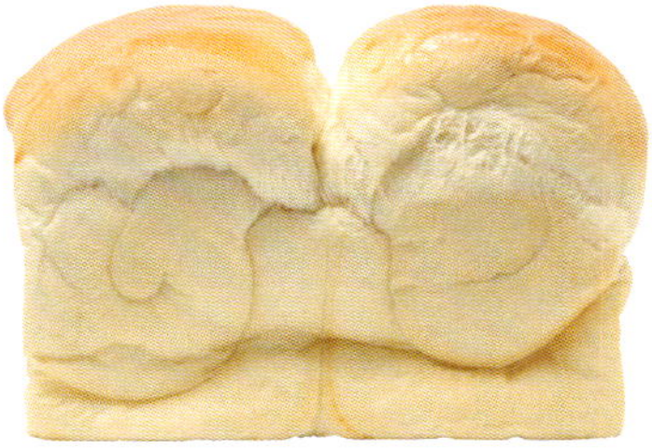

そのままにすると食パンの内部にたまった水蒸気が内側まで浸透し、湿ることで側面が折れてしまう。

第2章

基本のパンをマスターする

COLUMN

パンが歩んできた道を辿る

パンがどのようにして生まれ、発展していったのか足跡を探ります

エジプトからローマ、ローマから世界へ飛躍

人類が発酵したパンを食べるようになったのは、紀元前4000年頃の古代エジプトです。それまでは、小麦粉と水を混ぜて焼いたせんべい状のパンが食べられていました。このパン生地に、偶然に大気中の酵母菌が付着して、発酵パンが生まれたようです。

紀元前500~400年のギリシャでは、パン酵母の培養をするようになったことと、焼き窯の技術が発展したことで大量生産が可能になります。また、パンが商品化しはじめたのもこの頃からです。

パン作りの技術はギリシャからローマへ受け継がれます。パンを作る店も増え、紀元前312年頃のローマでは、パンを売る店が254もあったと文献に残っています。やがてゲルマン民族の大移動により、パンはヨーロッパ各地に広められ、16世紀半ばには日本にも渡来しました。

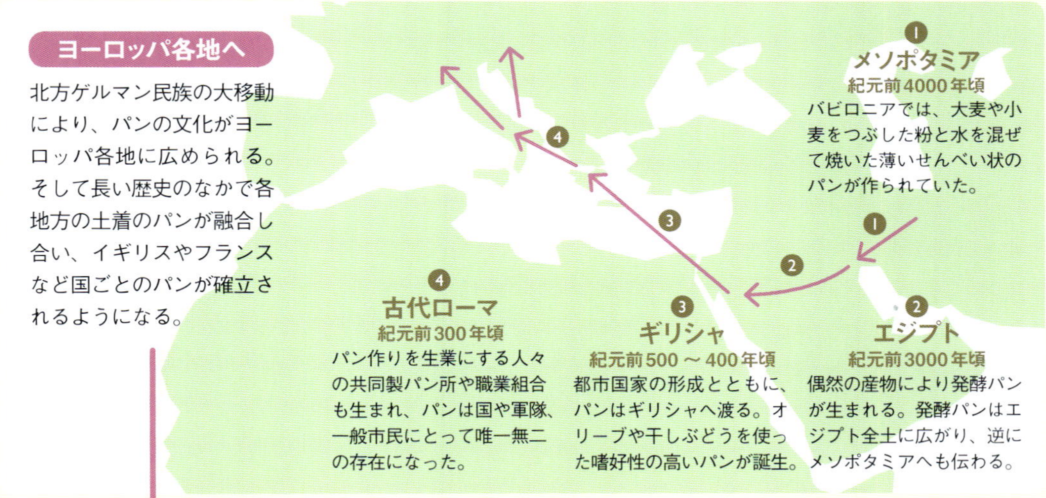

❶ メソポタミア
紀元前4000年頃
バビロニアでは、大麦や小麦をつぶした粉と水を混ぜて焼いた薄いせんべい状のパンが作られていた。

❷ エジプト
紀元前3000年頃
偶然の産物により発酵パンが生まれる。発酵パンはエジプト全土に広がり、逆にメソポタミアへも伝わる。

❸ ギリシャ
紀元前500～400年頃
都市国家の形成とともに、パンはギリシャへ渡る。オリーブや干しぶどうを使った嗜好性の高いパンが誕生。

❹ 古代ローマ
紀元前300年頃
パン作りを生業にする人々の共同製パン所や職業組合も生まれ、パンは国や軍隊、一般市民にとって唯一無二の存在になった。

ヨーロッパ各地へ

北方ゲルマン民族の大移動により、パンの文化がヨーロッパ各地に広められる。そして長い歴史のなかで各地方の土着のパンが融合し合い、イギリスやフランスなど国ごとのパンが確立されるようになる。

日本へは

日本にパンがやってきたのは16世紀半ば。宣教師たちのキリスト教の布教とともに日本中に知られていく。しかし鎖国が始まると、しだいにパンは忘れられてしまう。本格的に日本に西洋風パンが広まったのは、明治時代になってからである。

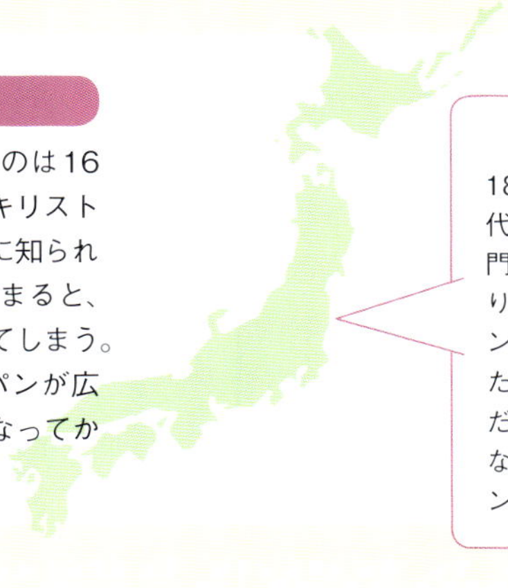

はじめてパンを作った日本人

1842年、伊豆韮山の代官職・江川太郎左衛門が自宅にパン窯を作り、日本人で初めてパンを焼くことに成功した。その日が4月12日だったため、それにちなんで毎月12日が「パンの日」となっている。

『江川英龍自画像』（江川家所蔵）

Butter roll

バターロール

ふわふわの食感とバターの香りが決め手

Point

しっかりこねて
ふんわりと仕上げる

こね時間が短いと
ボリュームのないパンになる

Butter roll

バターロール

材料（約12個分）

強力粉（スーパーキング）…200g
薄力粉…50g
砂糖…25g
塩…4g
脱脂粉乳…10g
バター（室温）…40g
卵…40g
生イースト…10g
（インスタントドライイーストの場合は4g）
水…130g
溶き卵（仕上げ用）、打ち粉、油脂類（ボウルにぬる用）…各適量

所要時間
3時間30分

難易度
★★★

材料を混ぜる

❶ボウルに強力粉、薄力粉、砂糖、塩、脱脂粉乳を入れる。❷〜❸別のボウルで生イーストと水を泡立て器で混ぜ、卵を加えてさらに混ぜる。❹〜❺①のボウルに③を加えて、指先で円を描くように混ぜる。

❻〜❿水気がなくなるまで、しばらくボウルの中で混ぜる。

⓫〜⓬ひとかたまりになったら台に移す。⓭〜⓯手やボウルについた生地をカードできれいに取ってまとめる。

台の上で練る

こねる
（約15分）

次のページへ

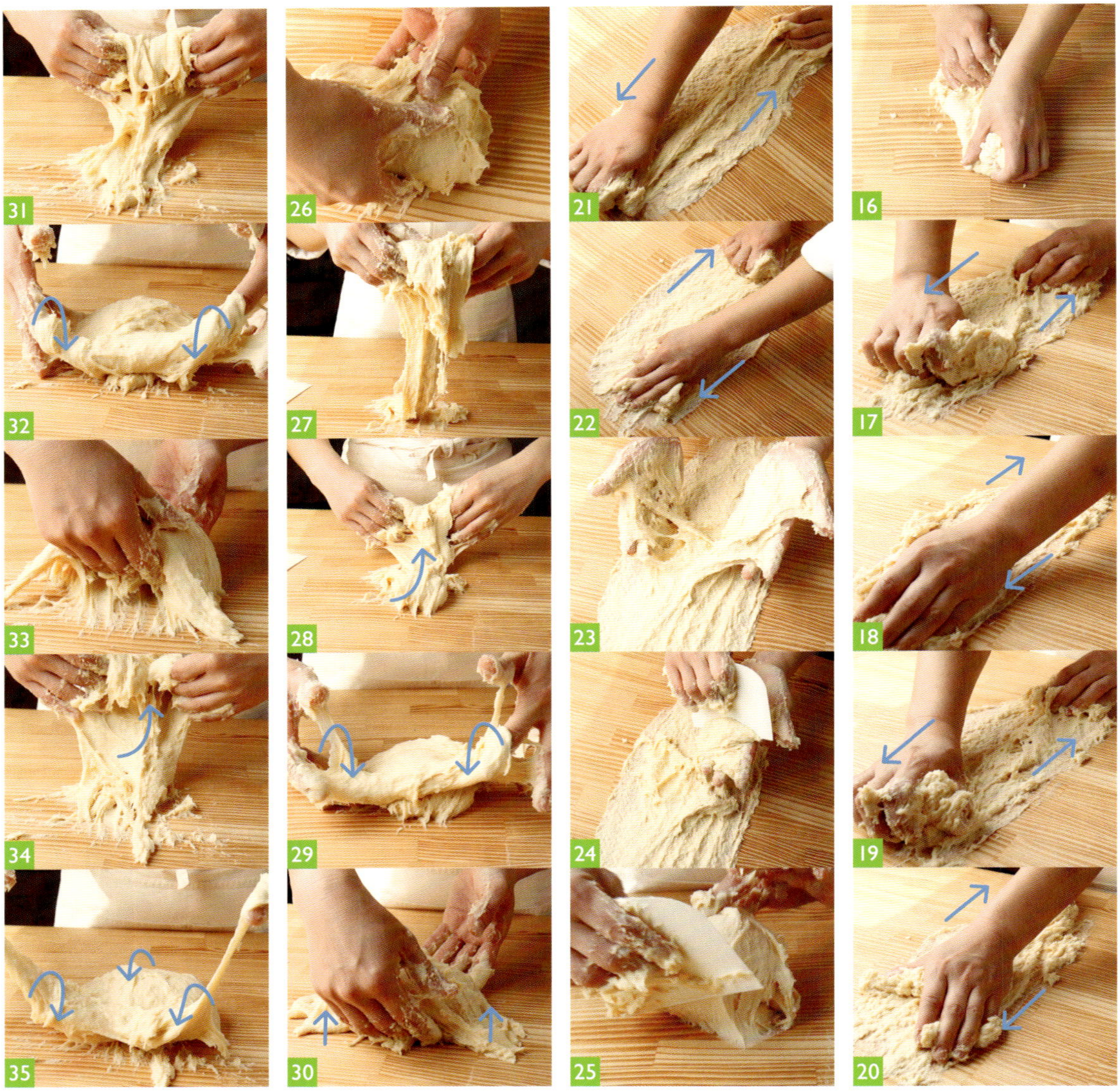

⑯〜⑳生地を両手でつかみ、上下に動かしながら台の上で引きちぎるようにして練る。

㉑〜㉒だんだんと生地がなじんでくる。㉓〜㉕生地全体のかたさが同じになったら、カードで生地をかき集める。手についた生地もきれいに取って一緒にする。

㉖生地の底から指先を差しこむ。㉗生地を持ち上げる。㉘生地を返しながら下端を台にたたきつける。㉙手でつかんだ生地をたたいた生地にかぶせるようにして折る。㉚生地の向きを90度変えながら、㉖の要領で持ち上げる。

㉛生地を返しながら下端を台にたたきつける。㉜手でつかんだ生地をたたいた生地にかぶせるようにして折る。㉝〜㉟㉚〜㉜と同様に、たたいて生地をかぶせたら生地の向きを90度変えて再度たたいてかぶせるといった動作を約15分間繰り返す。

こねる
（約15分）

5分間 こねた状態

㊱〜㊴5分ほどこねると生地が台に貼りつかなくなる。

Point! 手についた生地はこまめに取る

こね続けていくと、手に生地がつくので、カードでこまめに取ること。取らないで捨ててしまうと、パンの量が減ってしまう。

10分間 こねた状態

15分間 こねた状態

㊵こねてから10分経つと、生地にハリが出てくる。㊶〜㊷15分ほどこねて、生地が㊷のような状態になったら次の工程へ移る。

㊸生地の一部をカードで切る。㊹切った生地を指が透けて見えるまで四方に薄くのばす。㊺写真のような膜が張っていたら、生地をまとめる。もし張っていなければもう5分こねる。㊻〜㊼手のひらで生地を平らにする。

㊽生地の上にバターを置く。㊾〜㊿バターを四方の生地で包む。(51)両手で生地をつかむ。(52)手を上下に動かしながら、生地を台の上で練る。

バターを包みこんで生地を練る

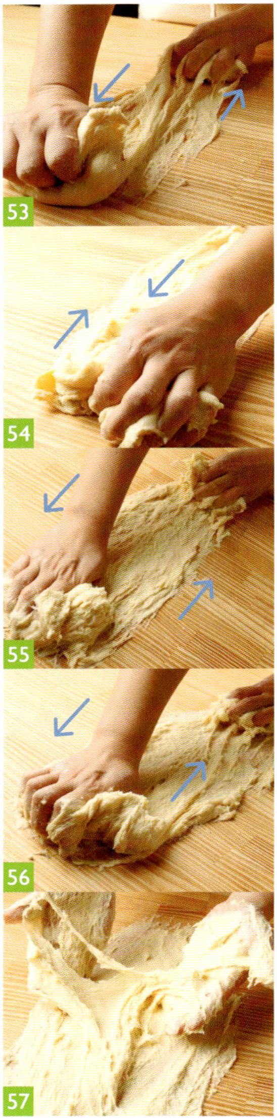

(53)～(57)全体のかたさが同じになるまで、台の上で練る。生地全体が同じかたさになり、なめらかになるまで行う。

こねる
（約15分、こね上げ温度26～28℃）

(58)～(59)カードで生地をかき集める。(60)生地の底から指先を差しこんでつかむ。(61)生地を返しながら下端を台にたたきつける。(62)手でつかんだ生地をたたいた生地にかぶせる。常に生地の角度を90度変えながら、(60)～(62)の動作を約15分間繰り返す。

5分間こねた状態

(63)～(66)こねはじめて5分ほど経つと、台に生地が貼りつかなくなる。かなり生地がやわらかいが、打ち粉をせずに根気よくこねる。

15分間こねた状態

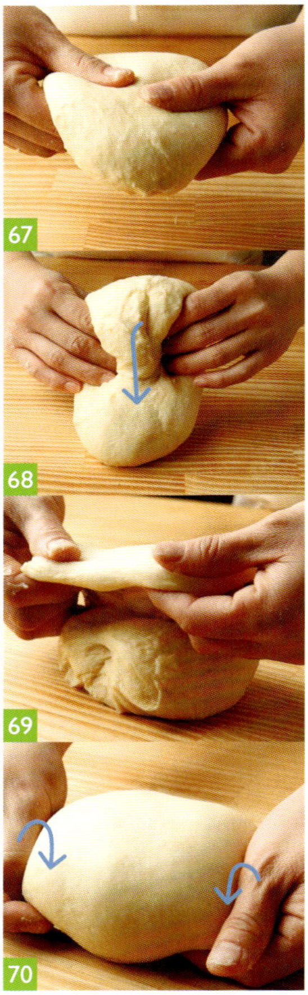

(67)～(69)15分こねると生地にツヤとハリが出てくる。(70)写真のような状態まで生地がまとまったらグルテン膜のチェックをする。

次のページへ

発酵
(28 ～ 30℃で 50 分)

発酵後

71生地の一部を切り取り、四方に薄くのばす。72～73 71のように薄くグルテン膜が張っていたら生地を戻し、油脂類をぬったボウルに入れ、乾燥しないよう28～30℃の場所で約50分発酵させる。74台に打ち粉をする。

分割

75台に生地を取り出す。76～77生地にうず巻き状の切りこみを入れて棒状にする。こうすると分割しやすくなる。78はかりで40gに分割する。全部で12個に分割できる。79 20gに満たない生地が余ったら、等分して分割済みの生地に合わせる。

丸め

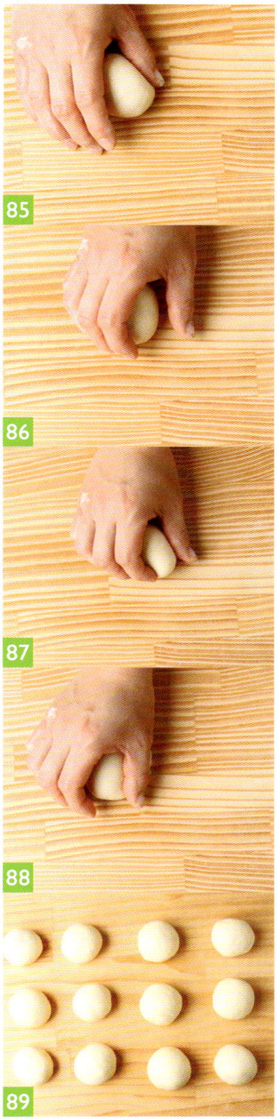

80打ち粉をせず、台に生地を置き、手を丸める。81～89手のひらで生地を包み、台に生地をこすりつけるように反時計回りに回して丸める。

Point! **生地を回して丸めにくいときは**

生地を引っ張って、両端を折りたたむ方法が簡単。

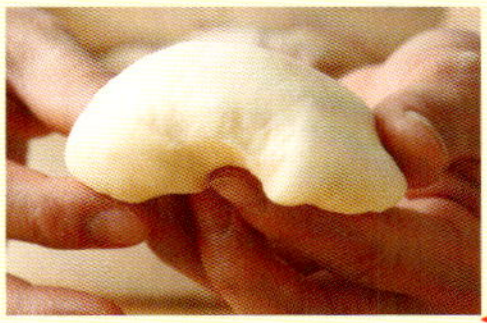

生地を四角く引っ張り、対角線上の両端をそれぞれ下に折る。最後にとじ目をつまむと丸くなる。

次のページへ

ベンチタイム
（約15分）

ベンチタイム後

90すべて丸めたら、大きめのビニールをかけて約15分ベンチタイムをとる。91ベンチタイム前より倍くらいにふくらむ。92台に打ち粉をし、生地に打ち粉を少しつける。93とじ目を上に向け、手のひらでつぶして平たくする。

成形

94～95生地の上1/3を折り、手のひらで軽く平たくする。96～97180度生地をひっくり返し、上1/3を折り、手のひらで平たくする。98さらに二つ折りにして、合わせ目を手のひらのつけ根の部分で押さえてとじる。

99～100手のひらで転がして棒状にする。101～10312個すべて棒状にしたら、最初に棒状にしたものから右端だけ細くなるように転がして、約12cmの長さのしずく形にする。

104～105とじ目を上にして、生地を手のひらで軽くつぶす。106生地の細くなっているほうを下に向け、上半分だけをめん棒でのばす。107次に下半分の生地を左手で軽く引っ張りながら下へのばす。108さらに上半分の生地を上へのばす。

成形

109 110 111 112 113

⑲～⑳生地の上端を少し巻いて芯を作る。⑪～⑫片方の手で下端を引っ張りながら上から巻く。⑬巻き終わりの生地の端はつまんでくっつける。

成形のバリエーション

棒状

①～②生地を平たくし、P41 ⑭～⑱を参考に折る。③～④両端に手をおいて転がし、約12cmの棒状にする。

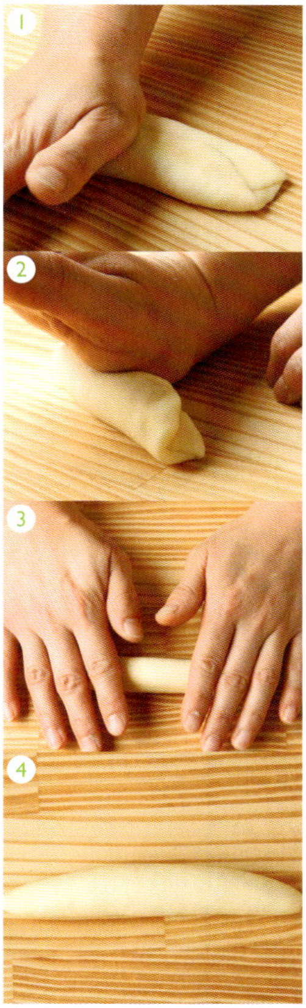
1 2 3 4

丸形

①生地を手のひらでつぶして平たくする。②～③手のひらで生地を包んで反時計回りに回して丸める。④裏のとじ目を指でつまむ。

1 2 3 4

ホイロ
（約35℃で50～60分）

114

⑭オーブンペーパーを敷いた天板に置き、約35℃で50～60分ホイロをとる。⑮～⑰溶き卵をぬり、約210℃のオーブンで10～12分焼く。

焼く
（約210℃で10～12分）

ホイロ後

115

116

117

Point! **ホイロのとりすぎに注意**

溶き卵をぬるときにシワになりつぶれやすくなる。

表面にシワが入ってしまうと、焼いても元に戻らない。ホイロの時間管理はこまめに行うこと。

Point

生地がまとまってきても
こねることを止めない

とにかくよくこねて
しっかりしたグルテン膜を作る

White pan bread

山型食パン

朝食やサンドイッチにぴったりな食事パン

White pan bread

山型食パン

材料（1斤型1本分）

強力粉（スーパーキング）
…250g
砂糖…13g
塩…5g
脱脂粉乳…5g
バター（室温）…5g
ショートニング…8g
生イースト…5g（インスタントドライイーストの場合は2g）
水…175g
溶き卵（仕上げ用）、打ち粉、油脂類（型とボウルにぬる用）
…各適量

使用した型

1斤型

所要時間
5時間00分

難易度
★★★

材料を混ぜる

❶ボウルに、強力粉、砂糖、塩、脱脂粉乳を入れる。❷別のボウルで生イーストと水を泡立て器で混ぜる。❸①のボウルに②を加える。❹～❺指先で円を描くように混ぜる。

❻～❽ひとかたまりになったら台に移す。❾～❿手やボウルについた生地をカードできれいに取ってまとめる。

台の上で練る

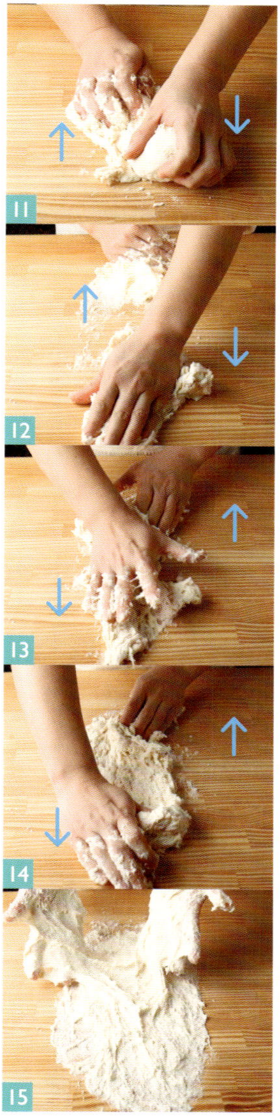

⓫～⓮生地を両手でつかみ、手を上下に動かしながら台の上で練る。⓯生地全体のかたさが同じになるまで練る。

こねる
（約15分）

次のページへ

5分間
こねた状態

10分間
こねた状態

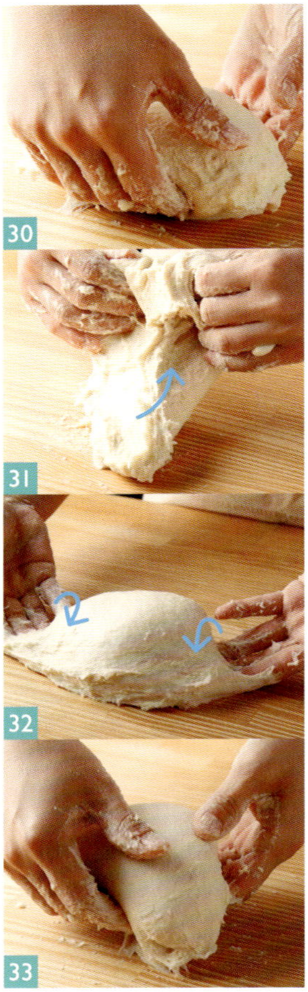

⑯カードで生地をかき集める。手についた生地も取る。⑰生地の底から指先を差しこんで持ち上げ、生地を返しながら下端を台にたたく。⑱手で持った生地をたたいた生地にかぶせるように折る。⑲～⑳常に生地の角度を90度変えながら⑰～⑱の要領でたたく。

㉑～㉕⑰～⑱の動作を約15分繰り返してこねる。やわらかい生地だが打ち粉をせず、根気よくこね続ける。

㉖～㉙こねはじめてから約5分後に台にようやくつかなくなるほど生地はまとまってくる。途中で手についた生地を取りながらこね続ける。

㉚～㉝こねはじめてから10分後には、生地は完全にまとまり、台の上に貼りつかなくなる。

こねる
（約15分）

バターとショートニングを包みこんで練る

15分間 こねた状態

㉞〜㊴約15分こねると、生地にツヤとハリが出てくる。

㊵生地の一部をカードで切り取り、指が透けるまで四方に薄くのばす。写真のようなグルテン膜が張っていたら生地を戻す。㊶〜㊷生地を平たくし、バターとショートニングをのせる。

㊸〜㊺バターとショートニングを、四方の生地で包む。㊻〜㊼両手で生地をつかみ、手を上下に動かしながら、生地を台の上で練る。

㊽〜㊿全体のかたさが同じになるまで、台の上で引きちぎるように練る。(51)〜(52)生地のかたさが同じになったらカードでかき集める。手についた生地もきれいに取って一緒にする。

次のページへ

こねる
(約15分、こね上げ温度25～27℃)

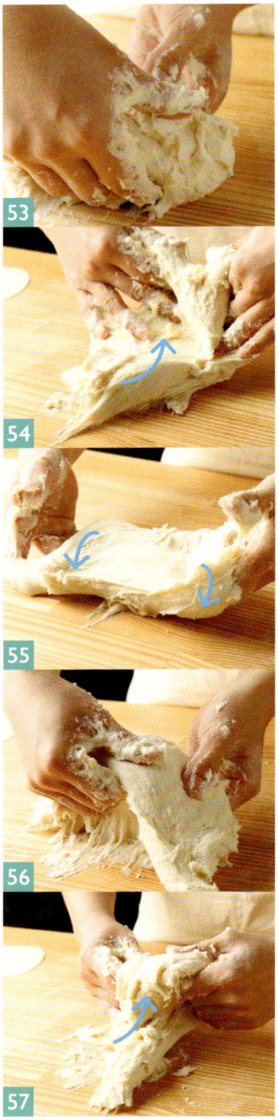

5分間 こねた状態

15分間 こねた状態

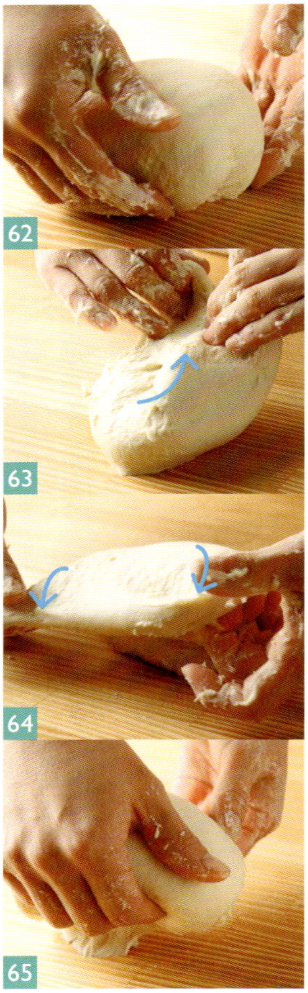

㊸生地の底から指先を差しこむ。㊹生地を返しながら持ち上げ、生地の下部を台にたたきつける。㊺手でつかんだ生地をたたいた生地にかぶせる。㊻～㊽常に生地の角度を90度変えながら㊸～㊺の動作を約15分間繰り返す。

㊾～61こねはじめて約5分経つと、生地がようやくまとまってくる。引き続きたたきながらこねる。

62～68こねてから約15分経つと生地は完全にまとまる。69～70グルテン膜のチェックをする。写真のような膜が張っていたらこねる作業は完了。

Point! 膜が破れたら再度こねる

膜が破れるようなら5分ごとに膜を見てこね続ける。

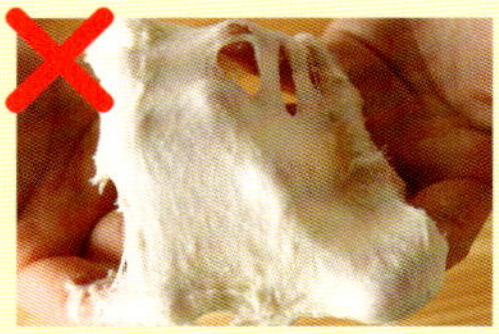

膜が破れるのはこねる動作が足りない証拠。薄く張るが破れない膜がベスト。

発酵
(28～30℃で約90分)

パンチ

発酵
(28～30℃で約40分)

発酵後

71～72油脂類をぬったボウルに生地を入れ、乾燥しないよう28～30℃の場所で約90分発酵させる。73～74指に打ち粉をつけ、生地を押して見きわめる場合は、指の跡が戻らないくらいがベスト。

75～76打ち粉をした台に発酵後の生地を取り出す。77～79打ち粉を少し手のひらにつけ、生地の中心から四方につぶしてしっかりガスを抜いてパンチをする。

80～81生地を左右1/3ずつ折る。82～83さらに生地の上下から1/3ずつ折る。84手のひらで合わせ目をつぶして平らにしながら、生地内のガスを抜く。

パンチ後の発酵後

85～87裏返しにして合わせ目を下にし、油脂類をぬったボウルに入れ、乾燥しないよう28～30℃の場所で約40分発酵させる。88発酵後の生地は、パンチ後の生地より1.5～2倍にふくらんでいる。

分割

89打ち粉をした台に発酵後の生地を取り出す。90はかりではかって二等分する。1個が225gになっていればよい。91〜93生地の上端を両手で持ち、やや力を入れながら奥から手前へ引き寄せる。

丸め

94〜99生地の向きを90度変え、91〜93の要領で奥から手前に生地を引き寄せる。引き寄せたら生地の角度を90度変え、奥から手前に引き寄せる動作を何度か繰り返すと生地が丸くなる。100表面がつるんとしてくるまでしっかり丸める。

ベンチタイム
（約20分）

ベンチタイム後

101〜102大きめのビニールをかけて約20分ベンチタイムをとる。

成形

次のページへ

103〜104打ち粉をした台に、とじ目を上にして生地を置く。105手のひらで平たくする。106〜107生地の中央から上、中央から下の順にめん棒でのばす。

成形

(108)ベンチタイム後の生地より2倍の大きさにのばす。(109)生地の端にたまったガスをつぶす。(110)〜(111)生地の上1/3を折り、合わせ目を手のひらで軽くつぶす。(112)生地を180度ひっくり返し、上1/3を折る。

(113)合わせ目を手のひらで軽くつぶす。(114)生地を縦にして、上端を少し巻いて芯を作る。(115)そのまま生地を巻く。(116)巻き終わりを手のひらで押し出すようにして生地にハリをもたせる。(117)合わせ目を指でつまんでとじる。残りの1個も同じ要領で行う。

ホイロ
(約35℃で60〜70分)

(118) 1斤用の食パン型の内側に油脂類をぬる。(119)生地をふたつ並べたとき、巻き終わりが内側にくるようにして、型に入れる。(120)〜(121)型の両端に生地を寄せるようにして表面にハリをもたせる。(122)約35℃の場所で60〜70分ホイロをとる。

焼く
(約210℃で30〜35分)

ホイロ後

(123)ホイロ後の生地は、型の高さちょうどくらいにふくらんでいる。(124)〜(125)生地の表面に溶き卵をぬり、天板の上にのせ、約210℃のオーブンで30〜35分焼く。(126)焼き上がったらすばやく型から出して冷ます。

Croissants

クロワッサン

サクッとした歯触りと濃厚なバターの香りがやみつきに！

Point

バターは作業中に溶かさないようにする

折りこみや成形では生地を冷やしながら行う

Croissants

クロワッサン

材料（約10個分）

フランスパン専用粉（フランス）…250g
砂糖…30g
塩…5g
脱脂粉乳…5g
バター（室温）…25g
卵…13g
生イースト…9g
水…130g

折りこみに使うバター（冷蔵庫で冷やす）…125g
溶き卵（仕上げ用）、打ち粉、油脂類（ボウルにぬる用）…各適量

所要時間
前日 1時間00分
当日 5時間00分

難易度 ★★★

材料を混ぜる

台の上で練る

❶ボウルに、フランスパン専用粉、砂糖、塩、脱脂粉乳、バターを入れる。❷〜❸別のボウルに生イーストと水を泡立て器で混ぜ、卵を加えてさらに泡立て器で混ぜる。❹〜❺①のボウルに③を加え、指先で円を描くようにボウルの中で軽く混ぜる。

❻ひとかたまりになったら台に移す。❼〜❽手やボウルについた生地をカードできれいに取ってまとめる。❾〜❿生地を両手でつかみ、手を上下に動かしながら台の上で練る。

⓫〜⓯生地全体のかたさが同じになったら、カードで生地をかき集める。手についた生地もきれいに取って一緒にまとめる。

たたいてこねる（約3分） → 押してこねる（約2分、こね上げ温度24〜26℃） → 発酵（28〜30℃で40〜60分） → パンチ → 冷蔵発酵 15〜20時間 → 次のページへ

⑯〜⑰生地の底から指先を差しこんで持ち上げたら、生地を返しながら下端を台にたたきつける。⑱持ち上げた生地をたたいた生地の上にかぶせる。常に生地の向きを変えながら⑯〜⑱を約3分繰り返す。⑲〜⑳手についた生地はこすってまとめる。

こねはじめて5分後

㉑生地を手前に半分に折り、合わせ目を押し出す。㉒合わせ目が上に向いたら、生地の向きを90度変えて半分に折り、再度押す。これを約2分間繰り返す。㉓〜㉔写真のように粗めの膜が張っていたらこねる作業は完了。

発酵後

㉕油脂類をぬったボウルに生地を入れ、乾燥させないよう28〜30℃の場所で40〜60分発酵させる。㉖発酵後の生地は発酵前の生地より1.5〜2倍にふくらむ。㉗ボウルから台に生地を取り出す。㉘生地を奥から手前へ引き寄せる。

㉙〜㉚生地の角度を90度変え、再度奥から手前へ引き寄せて、パンチと丸めを同時に行う。㉛写真のように生地の表面がある程度つるんとしていればよい。㉜〜㉝大きめのビニールに包み、冷蔵庫で15〜20時間冷やす。

バターをたたく

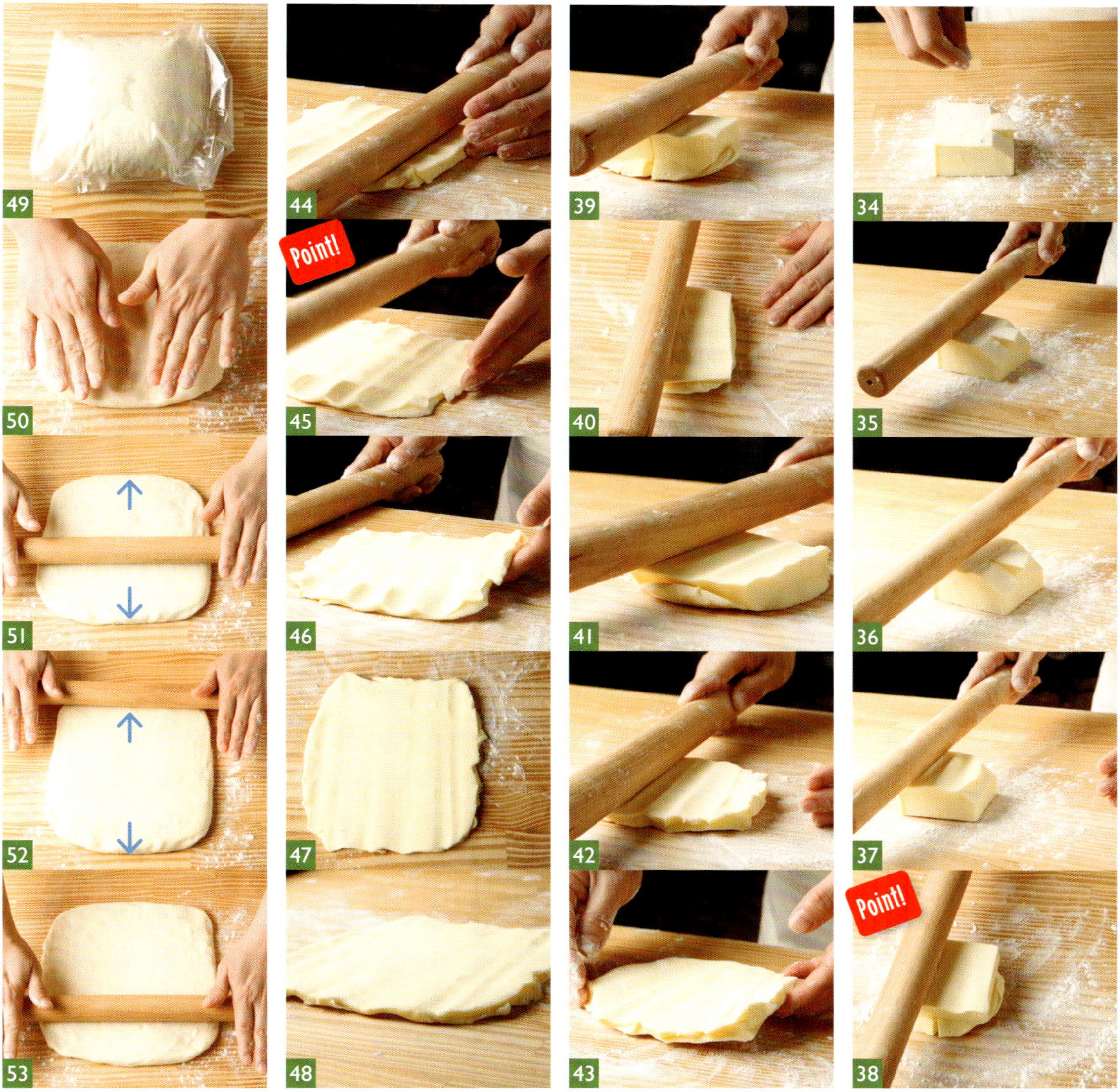

㉞～㊲折りこみに使うバターをたたく。打ち粉をした台に冷えたバターを置き、上からも打ち粉をふる。めん棒でバターを平たくする。㊳～㊸ある程度表面が平たくなったらバターを裏返しさらにたたく。これを繰り返し、表と裏面をたたきながら四角に整える。

Point! バターはなぜ冷やしておくの？

バターが溶けてしまうと、パン生地にバターの水分が移ってしまい、焼き上げ後にクロワッサン独特の盛り上がった層ができなくなる。そのため、めん棒でたたきたての冷たいバターが必要になる。

㊹～㊽向きを90度変えて表と裏をたたき、再度向きを90度変えて表裏をたたくようにして20㎝四方に整える。

Point! バターの端は強い力でたたかない

端のほうのバターはやわらかいため、薄くなりやすいので、全体を均等な力でたたくこと！

生地をのばす

56ページへ

㊾～㊿打ち粉をした台に、15～20時間冷やしておいた生地を取り出し、手のひらで平たくする。(51)～(53)生地の中央から上端、中央から下端の順にめん棒でのばす。最終的に25㎝四方になるようにのばす。

RESCUE!

バターをたたく工程で失敗してしまったら…？

バターをたたく工程は、初心者にはなかなか難しいものです。
失敗してしまっても、対処法があるので安心しましょう。

とにかくすべてが ボロボロになってしまった！

RESCUE!

1

ボロボロになってしまったバターは、四角く整えてはじめからたたき直す。まずはバターを三つ折りにする。

2

バターの向きを90度変えて、さらに三つ折りにする。強く押さえつけたりしないこと。

3

手のひらで軽く平たくしたら、冷蔵庫で少し冷やしてからP54の㉟〜㊽を参考にはじめからバターをたたき直す。

だんだんと 丸くなってきてしまった！

RESCUE!

1

丸くなり、対処できなくなったバターの左右の端から約1㎝内側に指で印をつける。

2

印をつけた内側だけをめん棒でたたいてのばす。つぎに90度向きを変え、①と同じように印をつけ、内側だけたたく。

3

四隅の厚みをめん棒を斜めにしてたたいて薄くするとバターが四角く整う。

片方だけを 幅広くのばしてしまった！

RESCUE!

1

広がってしまった部分のみをめん棒でたたいてやや薄くする。広がりが少ない部分には厚みを残す。

2

厚みを残した部分を手前にもってきて、下半分だけをめん棒でゆっくり均等にたたく。

3

こうすることで少しずつ形が正方形になっていく。端はめん棒の先を利用してうまく整える。

生地とバターを包んでのばす

54生地の上にバターを45度ずらしてのせる。55〜57対角線上の生地の角を引っ張りながら合わせる。合わせ目は指でつまんでとじる。58〜59バターが隠れるように生地を指でつまんでとじる。

60〜63１回目の折りこみ作業をする。打ち粉をした台に生地をのせ、生地の中央を始点に上端、下端とバターと生地が貼りつくようにめん棒で軽く押さえるようにする。

64〜66裏面も同様にくっつけるようにめん棒で生地を押さえる。67〜70真ん中を始点にして上方向と下方向へめん棒でのばす。

71〜72生地の端の上下2㎝くらいはめん棒を外側から内側に向けてかけると丸くなりにくく、バターと生地がしっかり密着する。73最終的に縦60㎝×横20㎝にする。

Q & A

生地の折りこみ作業、うまくいかないのはなぜ？

クロワッサン作りの難関が、折りこみ作業です。ここでは陥りやすい失敗例と解決法を紹介します

Q1 生地とバターの大きさが合わない

A1 バターよりも生地の方がやわらかいので、大きめにのばしてしまいがち。生地は手のひらで四角く整えてからめん棒をかけるとスムーズ。めん棒は、生地の上を軽くすべるくらいの強さでかけましょう。

←生地が多少いびつでもやり直さずに、そのままつぎの工程に進むこと。

←手のひらで軽く押しながら四角に。

←生地の中心から上、下とかける。

Q2 バターを包みこんだ生地をうまくのばせない

A2 めん棒で生地を均等な厚さにのばすには、①生地の中央にめん棒を置く。②めん棒を持つ両手の位置は左右対称にする。③生地に対して自分が立っている位置も左右対称にする。これらの3つがポイントです。

↑押しつけるように力いっぱいめん棒をかけると、生地が貼りついてしまう。

↑写真のようにめん棒を持つ手の位置のバランスがとれていないと均等にのばせない。

Q3 のばしている途中でバターが溶けてきた

A3 折りこみ作業は、約5分以内に行うのが理想です。この時間内にのばせないなら、ビニールに包んで冷凍庫で約10分間冷やしてから再度のばします。

←写真のようにバターが溶け出してきたら直ちに生地をビニールに包み冷凍庫で冷やす。

Q4 端がきれいにそろわない

A4 均等に力が加わっていないと、厚さや形がバラバラに。そのまま焼けますが、あまりにもひどいときは端を包丁で切って整えましょう。

←めん棒をかけるときは、手で端の生地を修正しながら行うと、写真のような失敗は少なくなる。

次のページへ 1回目の折りこみ作業

74

75

76

77

78

74～76生地を縦60cm×横20cmにのばしたら、三つ折りにする。このとき、生地がよく冷えていて、状態がよければ、2回目の折りこみ作業に進む。
77～78生地がやわらかく、バターが溶け出してきたら、ひとまずビニールに包んで、冷凍庫で約30分冷やす。

2回目の折りこみ作業

79 2回目の折りこみ作業をする。打ち粉をした台に、生地の合わせ目を上に向けて置く。80～83 生地の中央から、まずしっかりめん棒で上、下部分を押さえる。それから生地の中央から上、中央から下の順でのばす。

84 最終的に縦60cm×横20cmの大きさにのばす。85～86 生地の端は、外側から内側に向かってめん棒をかける。87 生地を三つ折りにする。88 ビニールで生地を包み、冷凍庫で約30分冷やす。

冷凍庫で冷やす（約30分）

3回目の折りこみ作業

89 3回目の折りこみ作業をする。打ち粉をした台に、生地の合わせ目を上に向けて置く。90～91 生地をのばす前に、めん棒で生地を上下に押して全体をならす。92～93 生地の中央から、上、下の順にめん棒でのばす。

94～96 縦50cm×横20cmにのばしたら、生地を三つ折りする。97 3回目ののばしがいちばん生地がのびにくく、縮みやすい。三つ折りしたら、めん棒で×印をつけ、押さえる。98 ビニールで包み、冷凍庫で約30分冷やす。

冷凍庫で冷やす（約30分）

成形のためののばし（1回目）

成形のためにのばす

成形のばしまでくると、生地がのびにくい状態なので、2回に分けます。

99台に打ち粉をふる。100生地の合わせ目が上に向くように置く。101成形するには最低でも15cmの横幅が必要。定規で生地の横の長さをはかり、横幅15cmを保つようにめん棒でのばしていく。102まずはめん棒で上下に押しながら生地をならす。

103〜105生地の中央から上、下の順にめん棒でのばす。106〜107生地が縮みやすいので裏面もかける。裏返すときは、生地をめん棒に巻きつけるとよい。

成形のためののばし（2回目）

108〜109生地の裏面もめん棒でのばす。110冷凍庫に入れやすい大きさにするため、生地を軽く半分に折る。111〜112ビニールに包み、冷凍庫で約20分冷やす。

縦60cm×横15cmにのばす

成形のためののばしの最終段階。縦60cm×横15cmにのばして成形します。

113〜115台に打ち粉をふり、生地を広げる。縦60cm×横15cmになるようにめん棒でのばす。表面をのばしたら裏面もめん棒でのばす。116作業台の奥行きがない場合は、生地を横にしてめん棒をかける。

次のページへ

生地を切る → 成形 → ホイロ（約32℃で60〜80分） → 焼く（約230℃で約15分）

117〜118まずは生地を横にして、10㎝間隔に定規ではかり、底辺10㎝、高さ15㎝の二等辺三角形を10枚作る。119〜121印に合わせて、切り分ける。生地の状態がやわらかすぎるなら、バットに移し、冷凍庫で約20分冷やす。

122〜123二等辺三角形の頂点を手前に置き、頂点を軽く引っ張ってのばす。124底辺の生地を少し巻いて芯を作る。125〜127片方の手で頂点の生地を引っ張りながら、生地の真ん中まで巻く。128〜131両手で生地の端をハの字の方向に転がしながら、最後まで巻く。

Point! 生地を巻くときに力を入れすぎない！

巻くときに力を入れすぎると、手の熱でバターが溶けてしまうので注意。

バターの層がつぶれてしまい、きれいに焼き上がらなくなる。

ホイロ後

132オーブンシートを敷いた天板に生地を置く。転がりにくくするために生地を手で少し押さえる。133約32℃の場所で60〜80分ホイロをとる。134〜135生地に溶き卵をぬり、約230℃のオーブンで約15分焼く。

Croissants

クロワッサン作りのおさらい

ここで復習しておけば、次に作るときもスムーズに進みます。

1 バターは四方から まんべんなくたたく

バターをめん棒でたたくときは、必要以上に力を加えないこと。一面をある程度までたたいたらバターの向きを90度変えてたたき、裏も同じように行います。バターをたたいた跡が、格子模様になっていればベスト。

写真のように跡がつけばOK。途中で溶けてきたら直ちにラップをして10分程度冷凍庫で冷やす。

2 めん棒を正しく持って 生地との位置を合わせる

めん棒を正しく持っていないと、力が均一にかからず、そのため生地も均等の厚さにのばせません。生地とめん棒、体の中心線をすべて合わせて、生地とめん棒に均一の力が加わるようにします。

生地と体の中心線は合っていたとしても、めん棒を左右均等に持っていない。

体、めん棒、生地の中心線がすべて合っていると、めん棒をスムーズにかけられる。

3 生地をのばすときは 力をかけずにスピーディーに

2～3回目の折りこみ作業は、生地が冷えているのでめん棒でのばしにくい状態になっています。だからといって、めん棒を力一杯押しこみながらのばすのは間違い。一気にのばそうとせず、3～4回めん棒をかけるつもりで、かつスピーディーに行いましょう。

力を入れすぎると、めん棒に生地が貼りついてしまう。生地の上をすべらせること。

生地をのばしている途中で写真のようにバターが溶けてきたら冷凍庫ですぐに冷やす。

4 最終段階のホイロをとりすぎると バターの層がだいなしに

ホイロをとりすぎたり、ホイロの温度が高かったりするとバターが生地から溶け出てしまい、折りこみ作業で作ったバターの層がなくなってしまいます。ホイロの温度は35℃を超えないようにしましょう。

ホイロのとりすぎでバターまみれになった生地。このまま焼いてもバターの風味は少ない。

正常

油脂の層が広がり、全体的に高さのあるふっくらとした仕上がりになっている。

ホイロ過多

バターが生地内に溶けだしてしまったため、ぺちゃんこに。普通のパンのような食感。

Arrange

クイニーアマン パン・オ・ショコラ

クロワッサンの生地で、簡単アレンジ！

パン・オ・ショコラ

材料（約10個分）

P52の材料
パン用の棒状チョコレート（なければ板チョコレートをカットする）…20本
溶き卵（仕上げ用）…適量

クイニーアマン

材料（約10個分）

P52の材料
グラニュー糖、
油脂類（型にぬる用）…各適量

所要時間（パン・オ・ショコラ）
前日 1時間
当日 5時間

難易度 ★★★

所要時間（クイニーアマン）
前日 1時間
当日 5時間

難易度 ★★★

クイニーアマンの工程の流れ

●**前日**　材料を混ぜる→たたいてこねる（約3分）→押してこねる（約2分）→発酵（28～30℃で40～60分）→パンチ→冷蔵発酵（冷蔵庫で15～20時間）

●**当日**　バターをたたく→生地をのばす→生地とバターを包んでのばす→1回目の折り込み作業→2回目の折り込み作業→冷凍庫で冷やす（約30分）→3回目の折り込み作業→冷凍庫で冷やす（約30分）→成形のばし→成形→ホイロ（約32℃で約60分）→焼く（約230℃で約15分）

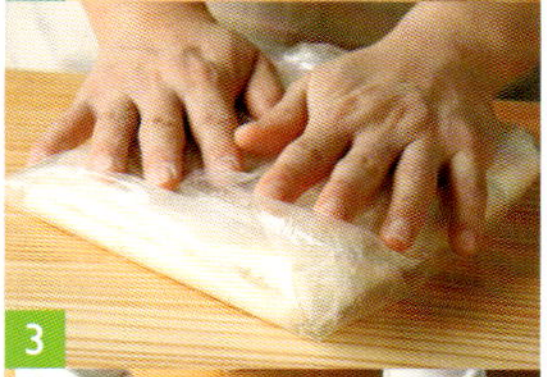

❶～❷P52①～58の㊽までの工程を参考に生地を作る。生地の合わせ目を上に向け、縦45cm×横15cmにのばす。❸生地を軽く折り、ビニールに包んで冷凍庫で約30分冷やす。❹～❺台に打ち粉をして、生地を動かしながら最終的に縦50cm×横20cmにする。

❻生地を横にして9～10cm間隔に包丁で端に印をつける。❼印に合わせて切り分け全部で10枚取れる。❽～❾直径9cmのセルクルの内側に油脂類をぬる。同時にグラニュー糖をバットに出す。❿生地の四方を中心に向かって折り、さらに角を中心に向けて折る。

⑪折り目を手で押さえる。⑫生地の両面にグラニュー糖をつける。⑬オーブンペーパーを敷いた天板の上にセルクルをのせ、生地を入れる。⑭約32℃の場所で約60分ホイロをとる。⑮表面にグラニュー糖をかけ、霧吹きで水をかけ約230℃のオーブンで約15分焼く。

パン・オ・ショコラの工程の流れ

●前日　材料を混ぜる→たたいてこねる（約3分）→押してこねる（約2分）→発酵（28～30℃で40～60分）→パンチ→冷蔵発酵（冷蔵庫で15～20時間）

●当日　バターをたたく→生地をのばす→生地とバターを包んでのばす→1回目の折り込み作業→2回目の折り込み作業→冷凍庫で冷やす（約30分）→3回目の折り込み作業→冷凍庫で冷やす（約30分）→成形のばし→成形→ホイロ（約32℃で約60分）→焼く（約230℃で約15分）

①P52①～58の⑱までの工程を参考に生地を作る。②～④合わせ目を上に向けめん棒で縦45cm×横20cmにのばす。軽く半分に折り、ビニールに包んで冷凍庫で約30分冷やす。⑤台に打ち粉をして生地を取り出し、めん棒でのばす。

⑥生地を横に向け、めん棒をかける。最終的に縦50cm×横22cmにする。⑦横半分に切り、さらに9～10cm間隔に定規ではかり、包丁で印をつける。⑧印に合わせて切り分ける。全部で10枚取れる。⑨～⑩生地の中心にチョコレートをのせる。

⑪チョコレートを軸にして、外側の生地を折る。⑫さらにもう1回折り、手のひらで軽く押さえる。⑬オーブンシートを敷いた天板にのせ、約32℃の場所で約60分ホイロをとる。⑭～⑮溶き卵をぬり、約230℃のオーブンで約15分焼く。

About a Bread

パンのはなし＋1

ブーランジェリーとヴィエノワズリーの関係

ヴィエノワズリーという独立したジャンルがフランスには存在します

Boulangerie 仏

ブーランジェリー

各国ではこんな呼び方です

独	Backerei	ベッカライ
伊	Panetteria	パネッテリーヤ
英	Bakery	ベーカリー

Pain

メインで売られているパン

フランスパンやパン・ド・カンパーニュのような食事とともに楽しむパンのことを指す。なかでもフランスパンは、職人の技量が試される看板商品。

フランスパン

パン・ド・カンパーニュ

パン・ド・ミ

Viennoiserrie

ヴィエノワズリー

マリー・アントワネットが嫁いできたときにオーストリアからフランスへ渡ってきた。パティスリー(菓子店)でもヴィエノワズリーを作るところもある。

クロワッサン

ブリオッシュ

デニッシュペストリー

※そのほかパティスリー（ケーキやタルト）も扱っている店もある

日本での「パン」とフランスの「パン」は違う

日本のパン店では、フランスパンもクロワッサンも、一緒に売られていますが、フランスではきちんと分類されています。

フランスではパン店はブーランジェリーと呼ばれます。ブーランジェリーで販売しているパンの中で、食事とともに食べるものがあるいっぽう、お菓子のように甘いものもあり、これはヴィエノワズリーと呼ばれます。

フランスでは、ヴィエノワズリーとフランスパンなどの一般的なパンは、店の中で区分けされて売られています。ちなみに、店の看板に「ブーランジェリー」と「ヴィエノワズリー」の文字が一緒に記してあったら、その店はどちらも作っているということです。

店の規模にもよりますが、パンはパン職人が、ヴィエノワズリーはヴィエノワズリー職人が、分担して作っている所もあります。

第3章
人気のパンを作る

COLUMN

イーストはパン生地によって使い分けるのがコツ！

同じイーストでも適材適所があります

パン生地とイーストには相性があります

本書で生イーストとインスタントドライイーストを使い分けているのは、イーストには生地との相性があるからです。

イーストは、生地内のショ糖（砂糖）や、小麦粉に含まれるデンプン質をブドウ糖などに分解して栄養源にしています。生イーストは、生地内にあるショ糖を速やかに分解するインベルターゼ活性という性質が強いため、砂糖が含まれた生地には生イーストおよび耐糖性のドライイーストを使います。

砂糖が含まれない生地では、イーストは小麦粉内のデンプン質を麦芽糖に変えてから、自身の酵素を使ってブドウ糖に分解したものを栄養源にします。この性質をマルターゼ活性といいます。ドライイーストはマルターゼ活性が強いので、フランスパンのようなシンプルな生地に使用すると効力を発揮します。

ソフト系のパン、菓子パンなど

ハード系のパンなど

※1　インスタントドライイーストには加糖生地用と無糖生地用があるが、ここでは無糖生地用のことをいう。
※2　本書で使用しているのは加糖生地用の生イーストである。ただし、無糖生地用の生イーストも業務用としてある。

加糖生地用（耐糖性）のイーストを使うと

砂糖を早く分解　生地はよく膨張する

砂糖（ショ糖）を分解するインベルターゼ活性速度が速いため、生地内に砂糖が多く入っていると、どんどん分解して、発酵が促進される。

無糖生地用のイーストを使うと

砂糖がいくらあっても　働きはマイペース

ショ糖を分解する力が弱いため、イーストの栄養になる砂糖が生地内にいくら入っていても分解の効率は上がらず、発酵もゆっくりと進む。

無糖生地用のイーストを使うと

麦芽糖を　分解する力が強い

マルターゼ活性の方が優勢なため、シンプルな生地に合う。加糖生地用のものよりも発酵により生まれる副産物の香りがよいため、風味がよい。

加糖生地用（耐糖性）のイーストを使うと

砂糖を　分解する力が少ない

生地内の糖分を分解するインベルターゼ活性の方が強い性質だが、無糖生地に使用しても発酵はする。ただし発酵力が十分ではない。

Melon roll

メロンパン

**サクサクとしたメロン生地が特徴の、
日本生まれの菓子パン**

Point

やわらかくてベタつく生地だが
根気よくこねる

サクッと仕上げるために
焼き色はほんのり茶色くする

Melon roll

メロンパン

※こね上げ温度24～26℃

中種の材料を混ぜる → 発酵（約28～30℃で約90分） → メロン生地の材料を混ぜ、冷蔵庫で冷やす（約1時間）

材料（12個分）

中種の材料
強力粉（カメリヤ）…175g
砂糖…13g
卵…50g
耐糖性の生イースト…10g
（インスタントドライイーストの場合は耐糖性のものを4g）
水…63g

本ごねの材料
強力粉（カメリヤ）…25g
薄力粉…50g
砂糖…63g
塩…3g
脱脂粉乳…5g
バター（室温）…38g
水…45g
打ち粉、油脂類（ボウルにぬる用）…各適量

メロン生地の材料
Ⓐ バター（室温）…56g
Ⓐ 砂糖…112g
溶き卵…60g
薄力粉…220g
レモンの表皮…1/4個分
バニラエッセンス、グラニュー糖…各適量

所要時間
4時間30分

難易度
★★★

❶中種を作る。生イーストと水を泡立て器で混ぜ、卵を加えてよく混ぜる。❷～❹強力粉と砂糖を入れた別のボウルに①を加え、指先で円を描くように軽く混ぜる。❺写真のような状態まで混ぜたら、約28～30℃の場所で約90分発酵させる。

❻メロン生地を作る。ボウルにⒶを入れ泡立て器で混ぜる。❼溶き卵を3～4回に分けて入れながら分離しないようしっかり混ぜる。❽～❿すりおろしたレモンの皮とバニラエッセンス、薄力粉を入れて、カードで切りながらある程度まで混ぜたら台に出す。

⓫～⓭生地を手のひらで台にこすりつけながら練る。⓮途中で生地をカードでかき集めながら行う。⓯バットに移し、生地を平たくしてラップをかけ、冷蔵庫で約1時間冷やす。

本ごねの材料を混ぜる → 台の上で練る → こねる（約15分）

次のページへ

中種発酵後

⑯～⑰本ごねをする。⑯の中種の真ん中にカードですき間を作る。⑱すき間に強力粉と薄力粉、砂糖、塩、脱脂粉乳を入れる。⑲水を加える。

⑳～㉑指先で円を描くようにボウルの中で混ぜる。㉒ある程度混ざったら台に移す。手やボウルについた生地もきれいに取る。㉓～㉔生地を両手でつかみ、手を上下に動かしながら、かたさが同じになるまで台の上で練る。生地はかなりやわらかい。

㉕～㉖カードで生地をかき集める。㉗～㉞生地を底から持ち上げてたたいたらかぶせ、角度を変えてたたくという要領で約15分こねる。

Point! **手のひら全体で生地をつかまない**

手に生地がつきすぎると、こねにくくなってしまう。

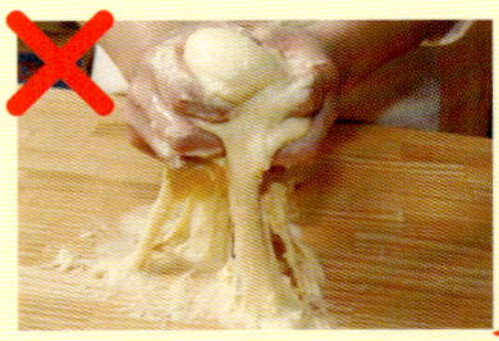

生地を手のひら全体でつかむと、手に生地がつきすぎてたたきにくくなってしまう。

こねる
（約15分）

バターを包みこんで生地を練る

こねる
（約15分、こね上げ温度27～29℃）

15分間 こねた状態

㉟～㊲こねてから15分経っても、まだ少し生地が台に貼りついている。㊳生地の一部を切り取り、グルテン膜のチェックをする。写真のような膜が張っていたら完了。生地を戻す。

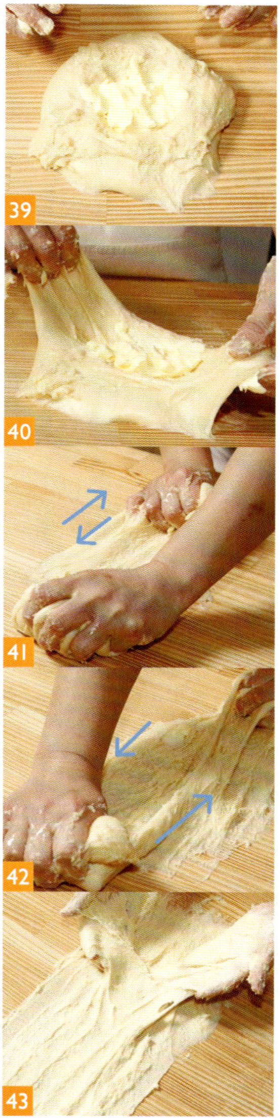

㊴生地を平らにして、バターをのせる。㊵バターを四方の生地で包む。㊶～㊷両手で生地をつかみ、手を上下に動かしながら、生地を台の上で練る。㊸全体のかたさが同じになったら完了。

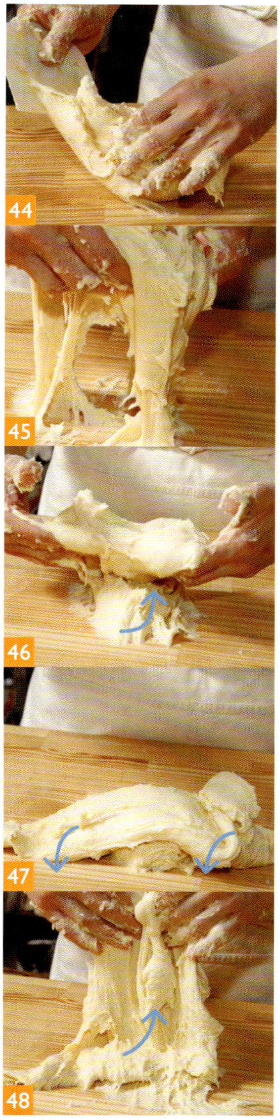

㊹カードで生地をかき集める。手についた生地も取る。㊺生地の底から指先を差しこみ持ち上げる。㊻生地を返しながら下端を台にたたきつける。㊼つかんだ生地をたたいた生地にかぶせる。㊽常に生地の角度を変えながら㊺～㊼の動作を約15分間繰り返す。

15分間 こねた状態

㊾～(51)こねはじめてから15分ほど経つと、生地にツヤが出る。やわらかい生地なのでまとまるのに時間がかかるが、こねている最中に打ち粉はしない。(52)生地の一部を切り取ってのばし、写真のような膜が張っていたら、生地をまとめる。

発酵
（28～30℃で30～40分）

53

本ごね生地 発酵後

54

55

56

(53)油脂類をぬったボウルに生地を入れ、乾燥させないよう28～30℃の場所で30～40分発酵させる。(54)～(56)打ち粉をした台に発酵後の生地を取り出し、生地にうず巻き状の切り込みを入れて棒状にする。

生地の分割＆丸め

57

58

59

60

61

(57)はかりで40gに分割する。全部で12個分取れる。(58)20gに満たない生地が余ってしまったら、等分して分割済みの生地に合わせる。(59)～(60)台に打ち粉をして、生地の片面に粉をつける。(61)粉をつけた面を上に向ける。

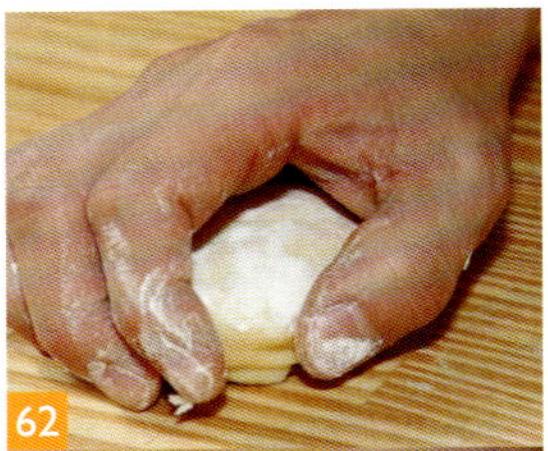
62

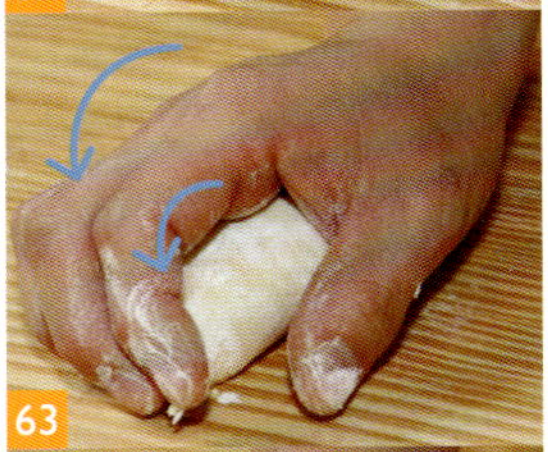
63

64

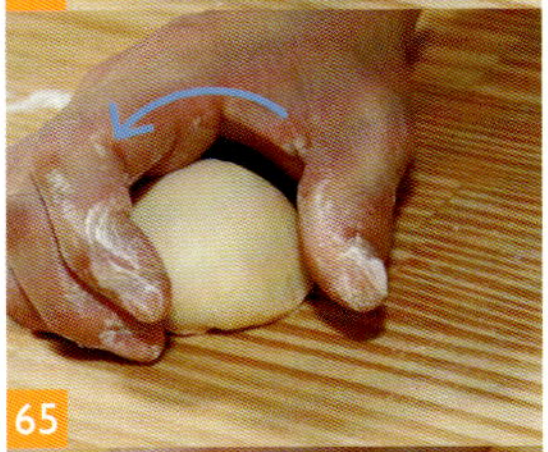
65

66

(62)～(66)猫の手のように丸めた手で生地を包み、台に生地をこすりつけるように反時計回りに回してすべての生地を丸める。

うまく丸められないときは

台を使って丸める方法がうまくできないときは、生地を折る丸め方なら簡単。最後に底を指でつまんでとじることを忘れずに行いましょう。

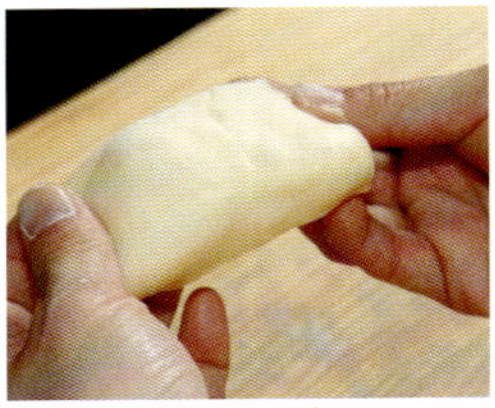

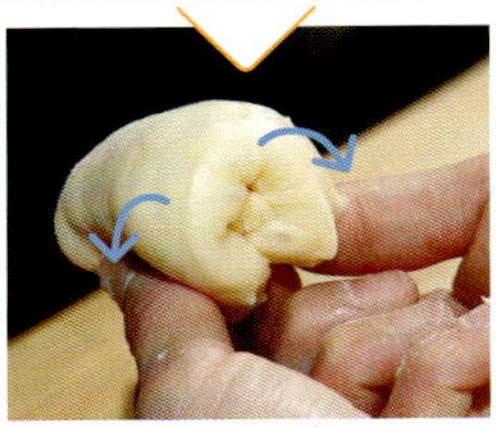

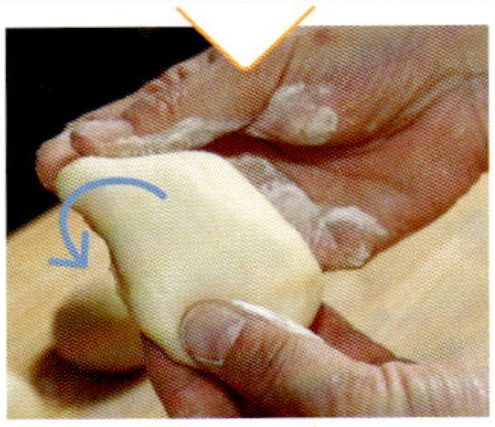

分割後の生地を手に取り、軽くのばしながら下に向かって二つ折りにする。角度を変えてさらに二つ折りにする。最後に底を指でつまんでとじる。

次のページへ

メロン生地の分割&丸め ＜ ベンチタイム（約15分） ＜ 成形 ＜ ホイロ（約35℃で50～60分） ＜ 焼く（約210℃で10～12分）

(67)生地をすべて丸めたらベンチタイムをとる。(68)メロン生地を小さく切って30gに分割する。(69)メロン生地が余ったら等分して分割後の生地に分ける。(70)～(71)両手のひらを使って、団子のようにメロン生地を丸める。

(72)ベンチタイム後の生地を手のひらで軽くつぶしてからP71(62)～(66)の要領で丸め直す。(73)裏のとじ目はつまんでおく。(74)～(76)メロン生地を手のひらで平たくしてパン生地の上にのせる。メロン生地はパン生地の8割くらいの大きさにのびていればよい。

(77)生地の上にメロン生地をのせ、手のひらに置く。(78)～(80)手のひらの上で、少しずつ動かして丸める。くっつくときは少しだけ打ち粉をつけてもよい。メロン生地がパン生地にかぶさるようにする。(81)裏面は、500円玉くらいの大きさの生地が見えていればベスト。

ホイロ後

(82)メロン生地の表面にグラニュー糖をつける。(83)オーブンペーパーを敷いた天板に生地をのせ、カードで表面に格子模様をつける。(84)約35℃の場所で50～60分ホイロをとる。なるべく乾燥した所がよい。(85)約210℃のオーブンで10～12分焼く。

RESCUE!

手のひらでうまく成形できないときは・・・

メロン生地をめん棒でのばして、あとで生地にかぶせる方法なら簡単です。

NG!

メロン生地を強くのばさない

ベタベタしているメロン生地は、めん棒で力を入れてのばすと台に貼りついてしまう。

NG!

メロン生地は意外とデリケート

メロン生地は、均等な厚さにのばさないとうまく生地を包めません。その結果、焼き上がりにムラができてしまいます。

←メロン生地を大きくのばしすぎてしまい、余ってしまったところ。

←のばす厚さがバラバラだと、薄いところが破れてきてうまく包めない。

焼きムラの原因に!

×失敗

○成功

失敗の方のメロン生地は焼きムラもあり、模様もまだら。

1

打ち粉をした台に分割後のメロン生地を置き、めん棒で軽くのばす。

2

生地よりもひと回り大きめにのばす。

3

メロン生地を下にして、生地を包みこむ。パン生地はとじ目を上に向ける。

4

メロン生地を上にして手のひらにのせる。

5

そのまま2～3回丸める。

6

生地の裏面が500円玉くらいの大きさに見えていたら完成。ふちにシワがよりやすい方法だがある程度の形になる。

About a Bread

パンのはなし＋1

市販のインスタントドライイーストを知る

手軽さが便利なインスタントドライイーストにはどんな種類がある？

おもな市販イーストの種類

サフ　インスタントドライイースト　赤

無糖生地と、生地内の糖分が15％くらいまでの生地に適している。フランスパン、食パン、バターロール、クロワッサンなどに。

サフ　インスタントドライイースト　金

写真提供／日仏商事

生地内の糖分が15％以上のパンに向いている。メロンパン、スイートロール、デニッシュペストリーなどに。

スーパーカメリヤドライイースト

写真提供／日清フーズ

バターロールから、スイートロールのような甘い生地までと、ほとんどのパン生地に対応したインスタントドライイースト。

冷凍ピザ生地用のインスタントドライイースト

ピザ用インスタント・ドライイースト

サクッとしたクリスピータイプのピザ生地専用のインスタントドライイーストもある。伸縮性の少ないクリスピータイプのピザ生地に使用すれば、のびがよく、かつ生地が締まった仕上がりになる。

写真提供／日仏商事

イーストには、生イーストとインスタントドライイーストのほかにドライイーストというものがあるが、使用する際には約40℃のお湯につけて予備発酵が必要になる。

砂糖がたくさん入った生地用とシンプルな生地用がある

インスタントドライイーストは、パン酵母を人工的に純粋培養させて圧縮し、顆粒状にしたもののことです。特別な下準備は必要なく、生イーストよりも二分の一～三分の一程度の量で使用できるので、使い勝手がよいのが特徴です。

インスタントドライイーストには、いろいろな種類がありますが、購入するときは、パン生地の特徴によって選ぶことが大切です。

たとえば、スイートロールや砂糖が多い生地なら、加糖生地専用（耐糖性）と書かれているイーストを選ぶと、より効率的に働きます。いっぽう、シンプルなハード系のパンを作るなら、無糖生地専用と記載されたものを選ぶとよいでしょう。

しかし、両方の生地に対応するインスタントドライイーストもあるので、手軽に使いたいならそちらを選んでもよいでしょう。

Scone

スコーン

クロテッドクリームやジャムをつけて楽しんで

Point

あまりこねないことが
サクッと仕上がる秘訣

カードを使ってまとめるときは
整えすぎないこと

Scone

スコーン

材料（約10個分）

フランスパン専用粉（フランス）…125g
薄力粉…125g
砂糖…20g
塩…ひとつまみ
ベーキングパウダー…10g
バター（冷蔵庫で冷やしておく）…50g
ショートニング…30g（冷凍庫で冷やしておく）
牛乳…115g
牛乳（生地にぬる用）、打ち粉…各適量

使用した型

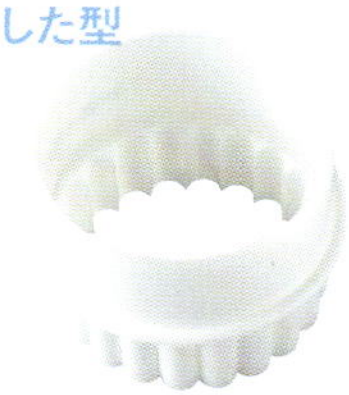

直径6cmの抜き型

所要時間
1時間30分

難易度
★★★

材料を混ぜる　／　手でこすり合わせる（約3分）　／　砂糖、塩、牛乳を混ぜる（約5分）

①ボウルに、フランスパン専用粉、薄力粉、ベーキングパウダー、冷えたバターを入れる。夏場に作業する場合は、粉類も冷やしておくとサクッと仕上がる。②粉類とバターをカードで刻みながら混ぜる。③～⑤台にあけ、さらにカードで切りながら混ぜる。

⑥～⑧冷えたショートニングを台の上の粉と一緒にして、カードで切りながら細かくなるまで混ぜる。⑨～⑩粉類を両手でこすり合わせながら、バターとショートニングをなじませる。ひとまとめにしてこすり合わせるという動作を何回か繰り返す。

⑪写真のように粉が黄色っぽくなり、触ってみてザラッとした感じになっていれば完成。⑫粉類をまとめて、中心に穴があいた土手を作る。⑬～⑭土手の真ん中に砂糖、塩を置き、牛乳を静かに流す。⑮～⑯土手の内側の粉をカードで少しずつ落とす。

生地を休ませる（冷蔵庫で30分～1時間） → めん棒でのばす → 型で抜く → 二番生地を型で抜く → 焼く（約200℃で約15分）

⑰～⑲土手の穴が粉で埋まったらカードで切りながら全体を混ぜ合わせる。⑳写真のようにまとまったら完了。

Point! 絶対にこねないこと

こねてしまうとグルテンが形成され、サクッとしないスコーンになってしまう。

㉑～㉒ラップを敷いたバットの上に生地をのせ、バットの縁を利用して形を四角く整える。冷蔵庫で30分～1時間冷やす。㉓打ち粉をした台に生地を取り出す。㉔直径6cmの抜き型を用意する。型が横に2つ分とれるくらいにのばしていく。

㉕～㉗縦20cm×横15cm×厚さ2cmになるように、生地をめん棒でのばす。㉘抜き型で生地を抜き、オーブンペーパーを敷いた天板の上に並べる。全部で6個分とれる。㉙～㉚残った生地は、二番生地として利用するので、ひとつにまとめておく。

㉛まとめた二番生地から再び抜き型で生地を抜く。これで4個分取れる。㉜～㉝それでも残った生地は、抜き型を使わず、手で丸く整える。㉞生地の表面に牛乳をぬり、約200℃のオーブンで約15分焼く。

Arrange

クランベリーのスコーン かぼちゃのスコーン

材料を混ぜ込むだけの簡単アレンジ

かぼちゃのスコーン

材料（約10個分）

P76の材料
冷凍かぼちゃ…80g

所要時間 1時間45分

難易度 ★★★

クランベリーのスコーン

材料（8～10個分）

P76の材料
乾燥クランベリー…50g

所要時間 1時間30分

難易度 ★★★

クランベリーのスコーンの工程の流れ

材料を混ぜる（約5分）→**手でこすり合わせる**（約3分）→**砂糖、塩、牛乳、クランベリーを混ぜる**（約5分）→**生地を休ませる**（冷蔵庫で30分～1時間）→**めん棒でのばす**→**型で抜く**→**二番生地を型で抜く**→**焼く**（約200℃で約15分）

❶P76①～P77⑲までを参考に生地を作る。❷～❸①の生地に乾燥クランベリーを加えて、カードで切りながら混ぜる。❹～❺写真のようにまとまったら、生地をラップで包み、バットにのせる。生地を四角に整えたら、冷蔵庫で30分～1時間冷やす。

❻縦20cm×横15cm×厚さ2cmになるように、生地をのばす。❼P76と同じ抜き型で生地を抜き、オーブンペーパーを敷いた天板の上に並べる。❽～❾型取りで残った生地は、四角にまとめ、斜め半分に切る。❿牛乳をぬり、約200℃のオーブンで約15分焼く。

かぼちゃのスコーンの工程の流れ

冷凍かぼちゃをレンジで解凍し、裏ごしをする（約15分）→**材料を混ぜる**（約5分）→**手でこすり合わせる**（約3分）→**砂糖、塩、牛乳、かぼちゃを混ぜる**（約5分）→**生地を休ませる**（冷蔵庫で30分〜1時間）→**めん棒でのばす**→**型で抜く**→**二番生地を型で抜く**→**焼く**（約200℃で約15分）

❶〜❷耐熱容器に冷凍かぼちゃを入れラップをして、500Wの電子レンジに5分半かける。❸粗熱が取れたら、かぼちゃの皮だけを取り除く。❹裏ごし器で裏ごしする。❺P76①〜⑬までを参考に生地を混ぜる。

❻〜❼土手にした生地の真ん中に、かぼちゃのペーストと、砂糖、塩、牛乳を入れる。❽〜❿土手の内側をカードで崩し、全体を切りながら混ぜる。

⓫写真のようになるまで混ぜる。⓬生地をラップで包み、バットにのせる。四角に整えてから、冷蔵庫で30分〜1時間冷やす。⓭〜⓮縦20cm×横15cm×厚さ2cmにめん棒でのばす。⓯抜き型で抜いた生地はオーブンペーパーを敷いた天板の上に並べる。

⓰〜⓱型取りで残った生地は四角にまとめ、抜き型で抜く。⓲それでも余った生地は手で丸く整える。⓳〜⓴牛乳をぬり、約200℃のオーブンで約15分焼く。

About a Bread

パンのはなし＋①

スコーンにぴったり！ 手作りイチゴジャムに挑戦！

手作りのイチゴジャムはスコーンの味をさらに引き立てます

材料

イチゴ…250g（1パック）
砂糖…150g
水あめ …25g

作り方

❶イチゴのヘタを取る。濡れたキッチンタオルをバットの裏に敷き、イチゴを軽く転がしながらふく。
❷大きめのボウルにイチゴ、砂糖の順に入れ、約1時間おく。
❸②のイチゴから少し水分が出たら、イチゴの量の倍以上の大きさの厚手の鍋に入れて火にかけ、水あめを入れてゴムベラで混ぜる。
❹砂糖が溶けてきたら、好みの大きさにイチゴをつぶす。沸騰したら中火にする。
❺白い泡のようなアクが出てきたらすくって取る。
❻沸騰して15～20分経ち煮つまってきたら、火を止める。水を入れた容器の中に煮汁を少し落としてみて、底にトロンとしたジャム状になったら完成。
❼煮沸消毒したビンに入れて保存する。

できあがり

ジャムを入れた保存瓶は、フタをきちんとしめ、80℃の熱湯に約30分間浸して消毒をする。

Point イチゴは洗わずにふく

水で湿らせたキッチンペーパーを、バットの裏に敷き、イチゴを持ちながら表面の汚れをふく。

イチゴを水に浸けてしまうと、せっかくの風味が水に溶け出してしまう。

Point イチゴは砂糖と一緒に1時間おく

イチゴと砂糖をまぶして放置しておくと、イチゴの表面から水分が出てくる。この水気が焦げつきを防ぎ、濃厚に仕上がる。

Point 水あめは砂糖の上ではかる

水あめは砂糖の上に垂らしてはかる。容器で直接はかると、くっついてしまい取りにくい。スプーンは水にぬらすとやりやすい。

Point 火から上げるタイミングを逃さない

チェックしてみましょう

ゴムベラで鍋底に線を引けるくらいのかたさになったら、火を止める。

水を入れた容器に、ジャムを1～2滴垂らす。ジャムが粒状になって落ちてきたら完成。

イチゴの風味を引き出すのがポイント

イチゴジャム作りのコツは、イチゴと砂糖を混ぜたらすぐに煮ないこと。1時間ほど放置して、イチゴの水気を出してから煮つめると、焦げつきにくくなります。使うイチゴはどんなものでもかまいませんが、季節や品種によって甘みや酸味が異なるので、最終的に味見をしてレモン汁や砂糖で調節します。ジャムを保存する容器は、耐熱性のガラス瓶が適しています。未開封できちんと瓶が消毒できていれば冷蔵庫で約1年間はもちます。開封したら2～3週間で食べきりましょう。

Graham bread

グラハムブレッド

粗めの全粒粉を使って香ばしく仕上げます

Point

しっかりとした膜ができるまでよくこねる

成形時に力を入れすぎて生地をやぶかないようにする

Graham bread

グラハムブレッド

材料（1斤型1本分）

発酵種の材料

強力粉（スーパーキング）…175g
生イースト…5g（インスタントドライイーストの場合は2g）
水…113g

本ごねの材料

全粒粉（粗挽き）…75g
水…63g（全粒粉を浸す用）
砂糖…15g
塩…5g
脱脂粉乳…5g
バター（室温）…8g
ショートニング…8g
卵液（溶き卵と水を1:1で薄める）、打ち粉、油脂類（型とボウルにぬる用）…各適量

使用した型

1斤型

所要時間
6時間30分

難易度
★★☆

※こね上げ温度25～27℃

発酵種の材料を混ぜる → こねる（約2～3分） → 発酵（28～30℃で3～4時間） → 全粒粉の下処理をする（約3時間）

❶発酵種を作る。生イーストと水を泡立て器で混ぜる。❷～❹強力粉を入れた別のボウルに①を加え、指で円を描くように混ぜる。❺～❻ひとかたまりになったら手についた生地をカードで取り除く。

❼～❾ボウルの中で、手のひらを使って押しながらこねる。❿写真のような状態になるまでこねたら、乾燥させないよう28～30℃の場所で3～4時間発酵させる。

⓫～⓭全粒粉と水をボウルの中に入れ、木じゃくしで混ぜる。⓮～⓯乾燥しないよう、ラップを密着させるようにかけて、3時間ほどおいておく。

次のページへ

本ごねの材料を混ぜる

発酵種発酵後

⑯発酵種を発酵させると、発酵前より2〜3倍にふくらむ。⑰〜⑲本ごねをする。発酵種の中心にカードですき間を作り、そこへ砂糖、塩、脱脂粉乳を入れる。

⑳〜㉔続いて、やわらかくした全粒粉を入れ、手でつかむようにして全体を混ぜる。

台の上で練る

㉕〜㉖ある程度混ざったら、台に出す。㉗〜㉚生地を両手でつかみ、手を上下に動かしながら、かたさが同じになるまで台の上で練る。

㉛〜㉞生地全体のかたさがだいたい同じになったら、カードで生地をかき集める。手についた生地もきれいに取る。

こねる
（約15分）

㉟生地の底から指先を差しこんで持ち上げる。㊱生地を返しながら下端を台にたたきつける。㊲つかんだ生地をたたいた生地にかぶせる。㊳〜㊴常に生地の角度を変えながら㉟〜㊲の要領で15分繰り返す。

15分間
こねた状態

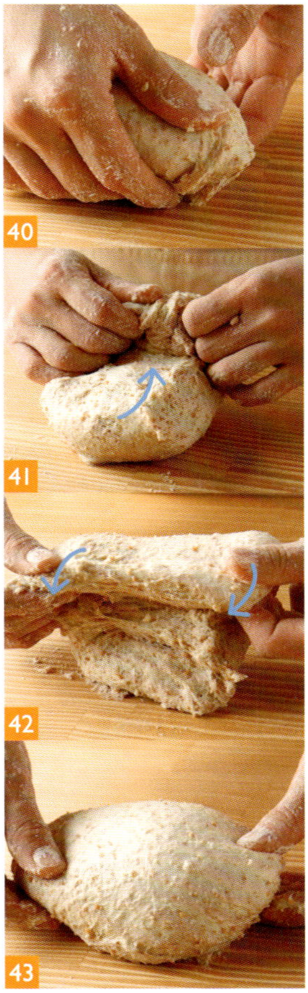

㊵〜㊸こねはじめてから15分ほど経つと、生地が台に貼りつかなくなってくる。全体的につるんとしてきたら完了。

バターとショートニングを包みこんで生地を練る

㊹生地の一部を切り取り、グルテン膜のチェックをする。写真のような膜が張っていたら次の工程へ進む。㊺生地を平らにして、バターとショートニングをのせる。㊻〜㊽四方の生地でバターとショートニングを包む。

㊾〜53生地を両手でつかみ、手を上下に動かしながら、かたさが同じになるまで台の上で練る。

こねる
（約15分、こね上げ温度27～29℃）

発酵
（28～30℃で30～40分）

次のページへ

15分間こねた状態

本ごね生地発酵後

㊹カードで生地をかき集める。手についた生地も取る。㊺～㊼生地の底から指を入れて持ち上げ、生地を返しながら下端を台にたたきつける。つかんだ生地はたたいた生地にかぶせる。㊽生地の角度を90度変え、生地を持ち上げる。

㊾～㊿㊱～㊲の要領で、生地をたたいてかぶせ、角度を変えてさらにたたいてかぶせるといった動作を約15分繰り返す。

64～66こねはじめてから15分ほど経つと、生地が台に貼りつかなくなる。67生地の一部を切り取り、グルテン膜のチェックをする。写真のような膜が張っていたらこねる作業は完了。

68油脂類をぬったボウルに生地を入れ、乾燥させないよう28～30℃の場所で30～40分発酵させる。69～71打ち粉をした台に発酵後の生地を取り出す。

丸め

72生地を二つ折りにする。73〜74生地の合わせ目を下にして縦に向けたら、手前に生地を引き寄せるようにする。75〜76生地が手前まで来たら奥にもっていき、生地の角度を90度変え、さらに手前に引き寄せる。

77〜80生地が手前に来たら奥にもっていき、角度を90度変え、さらに奥から手前に引き寄せるという動作を繰り返す。81写真のようにつるんとしてくるまで丸めたら、約20分ベンチタイムをとる。

ベンチタイム（約20分）

ベンチタイム後

82ベンチタイムの間に、1斤型の内側に油脂類をぬる。83〜85ベンチタイム後の生地を裏返して、手のひらで軽く平たくする。

成形

86〜88左右の端の生地を引っ張りながら合わせ、合わせ目を指でつまんでとじる。89台に打ち粉をする。90〜91生地のとじ目を上に向けて縦に置き、手のひらで平たくする。

成形

92～95生地の中心から上、中心から下の順にめん棒でのばす。生地がくっつかないように、めん棒でのばしたら台から生地をはがし、再度めん棒でのばすようにするとスムーズに生地をのばせる。長さは約40cmまでのばす。

96～97上から1/3折り、さらに下1/3も折る。98生地内に残ったガスが出るように上から軽く押さえる。99～100生地を手前に巻くように折る。

101～102合わせ目を手のひらでしっかり押さえる。103～104さらに合わせ目を指でつまむ。105生地の大きさは型の長さに合わせる。

Point! 合わせ目はしっかりとじる

合わせ目をきちんととじないと、途中でひらいてしまう。

ホイロ
(約35℃で約60分)

ホイロ後

焼く
(約200℃で30～35分)

106とじ目を下にして1斤型に入れる。107～108約35℃の場所で約60分ホイロをとる。型の高さくらい生地がふくらんだら完了。109溶き卵1に水1の割合で混ぜた卵液を、生地にぬり、約200℃のオーブンで30～35分焼く。

About a Bread

パンのはなし＋1

パンの正しい切り方をマスターする

パンをおいしく食べるために、パンの切り方をマスターしておきましょう

食パン型で焼いたパン

食パンに代表される高さのある１斤型のパンは、横に倒して切る。パンの厚さは好みでかまわないが、トーストにするなら厚さ1.5cm以上に切るのがおすすめ。

包丁の先から柄の近くまで大きく何度も包丁を動かしながら切り落としていく。包丁の刃をすべて使って切る。

フランスパンなどシンプルでかたいパン

フランスパンなどシンプルなパンは、ある程度厚みがあった方が外側のカリッとした部分と内側のしっとりした部分の両方を楽しめる。

ライ麦が入ったパン

ライ麦が入ったパンはもっちりとした食感があるので、厚みがあると食べにくい。5mm ～ 1 cm くらいの厚さに切るのがベスト。

焼きたては切りにくい

写真は、型からすぐに出さずに置いておいたため腰折れした状態。こうなってしまったらさらに切るのが困難に。

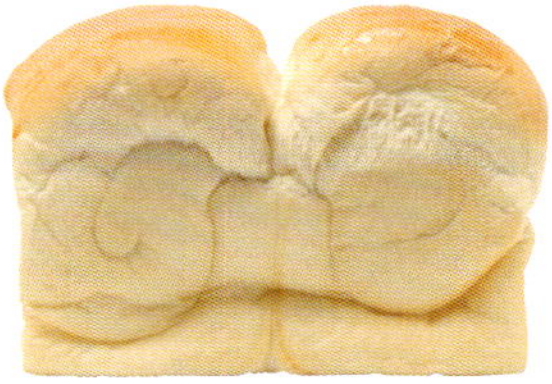

専用の包丁ならスムーズに切れます

パンを切るときには、専用のパン切り包丁（波刃）を使います。料理用のストレート包丁や牛刀を使うと、パンがやわらかすぎて包丁の刃がうまく入れられません。その点パン切り包丁は、やわらかいパンを切るために刃が波形なので、スムーズに切れます。

パン切り包丁と一緒に、専用のカッティングボードも用意しておくとよいでしょう。ちなみに、パン切り包丁は、切れなくなったら研ぐことはできないので、新しいものを購入することをおすすめします。

パンを切るときには、焼きたてのものは避けます。焼きたてのパンの生地中には水蒸気がたまっていて、とてもやわらかい状態です。この状態で包丁を入れようとしても、やわらかすぎてうまく切れません。パンの粗熱が完全に取れた状態で切ったほうがよく切れます。

Bagel

ベーグル

モチモチした生地は、かめばかむほど味わい深い！

Point

ホイロをとりすぎると
表面がシワシワになってしまう

ゆですぎにも
気をつける

Bagel

ベーグル

材料（約5個分）

フランスパン専用粉（フランス）…225g
ライ麦粉（メールダンケル）…25g
砂糖…13g
塩…5g
ショートニング…5g
生イースト…5g（インスタントドライイーストの場合は2g）
水…140g
油脂類（ボウルにぬる用）…適量

所要時間
2時間

難易度
★★★

材料を混ぜる

台の上で練る

❶ボウルにフランスパン専用粉、ライ麦粉、砂糖、塩、ショートニングを入れる。❷別のボウルに生イーストと水を泡立て器で混ぜ、①のボウルに加える。❸〜❺指先を使って円を描くようにしてボウルの中で混ぜる。

❻ある程度混ざったら、台に出す。❼手やボウルについた生地もきれいに取る。❽〜❿生地を両手でつかみ、手を上下に動かしながら、かたさが同じになるまで台の上で練る。

⓫カードで生地をかき集めてまとめる。⓬〜⓯生地を手前に向かって半分に折り、手のひらを使って奥へ押し出すようにしてこねる。合わせ目がだんだんと上へ向くように押し出す。

こねる（約15分、こね上げ温度26～28℃）　**発酵**（28～30℃で約30分）　**分割**　次のページへ

⑯～⑲角度を90度変えてから、手前に向かって生地を半分に折り、押し出すようにして再度こねる。⑳途中で手についた生地をこすり落とす。生地を折って押し出したら、角度を変えて折り、また押し出すという要領で約15分こねる。

㉑～㉓こねはじめてから15分ほど経つと、生地の表面がつるんとしてくる。㉔生地の一部を切り取り、グルテン膜のチェックをする。写真のような膜が張っていたら、生地を戻して次の工程へ移る。

㉕油脂類をぬったボウルに生地を入れ、乾燥させないよう28～30℃の場所で約30分発酵させる。㉖～㉗発酵した生地を台に取り出す。㉘～㉙カードで生地に切りこみを入れて棒状にする。

㉚カードを使って80gずつ分割する。全部で5個分になる。㉛～㉝余った生地は等分して分割後の生地に合わせる。

成形

ホイロ
（約35℃で約30分）

㉞分割後の生地を手のひらで平たくする。㉟～㊱めん棒でのばして楕円形にする。㊲～㊳生地の上1/3を折り、向きを変えて上から1/3折る。合わせ目を手のひらで軽く押さえる。

㊴～㊵生地をさらに二つ折りにし、手のつけ根を使って合わせ目を押さえてとじる。㊶～㊹生地の両端を転がしながら、約25cmの棒状にのばす。

㊺右端を少しだけ細めにする。㊻生地の左端をめん棒の先を使って広げる。㊼スプーンのような形になるのがベスト。㊽～㊾生地をリング状になるようにもってくる。

㊿～(52)広げた左端の生地で右端の生地を包み、つなぎ目を指でつまんでとじる。(51)が裏面、(52)が表面になる。(53)厚手の布を敷いた天板の上に置き、約35℃の場所で約30分ホイロをとる。ホイロの間に、大きめの鍋でお湯を沸かしておく。

Q & A

Q ベーグルのゆで加減がよくわかりません

A1 ベーグルは、表面に少しシワが入り、ふやけた状態になったらお湯からあげるサインです。それ以上ゆでると、シワシワになりすぎてしまい、焼いても表面が張らなくなるので気をつけましょう。

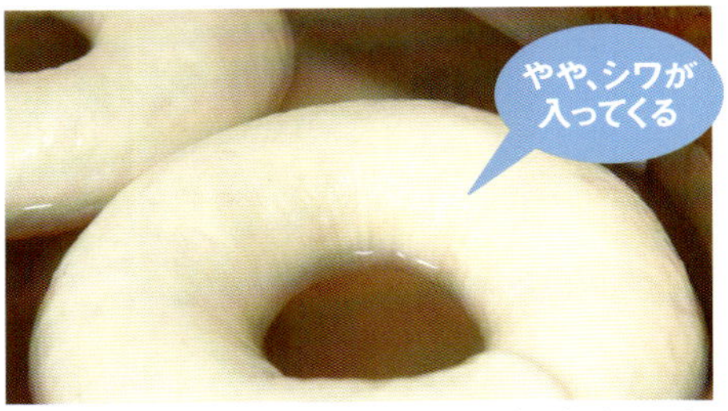

内側の円の生地に縦のシワが入り、ややデコボコとしてきたら、お湯からあげる目安。

ゆですぎてゴーヤの皮のようにシワシワな表面になる。

そのまま焼くと …

デコボコが目立つ焼き上がりになってしまう。

なぜシワシワになる?

ゆですぎか、ホイロのとりすぎで起こる。ホイロ過多の生地にはガスがたまりすぎているため、これをゆでると急に生地が縮まるため、シワになる。

ゆでる（両面で約1分）

ホイロ後

54

55

56

57

54～57沸騰がやや収まったお湯でベーグルをゆでる。片面は30秒ほどゆでる。

焼く（約220℃で約15分）

58

59

60

61

62

58～59両面で約1分ゆでる。60～61水気を切り、オーブンペーパーを敷いた天板の上に置く。62約220℃のオーブンで約15分焼く。

Arrange
ホウレン草のベーグル
鮮やかな緑色がアクセント

ホウレン草のベーグルの工程の流れ

材料を混ぜる→こねる（約15分）→発酵（28～30℃で約30分）→分割→成形→ホイロ（約35℃で約30分）→ゆでる（約1分）→焼く（約220℃で約15分）

❶ホウレン草のピューレを作る。ホウレン草をゆでて水気を絞り、水と一緒にミキサーにかける。❷生地の材料すべてを入れたボウルの中に①のピューレを加え、指先を使って円を描くように混ぜる。

❸ひとかたまりになったら台に移す。❹両手で生地を上下に動かしながら練る。❺かたさが同じになったら、生地を押しながら約15分こねる。❻～❼グルテン膜が張っていたら、油脂類をぬったボウルに移し、28～30℃の場所で約30分発酵させる。

❽発酵後の生地を台に出し、80gに分割する。40g以上残った生地は小さく成形する。❾～❿P92㉞～52を参考に成形する。成形後P92 53と同様にホイロをとる。⓫沸騰がやや収まったお湯で約1分ゆでる。⓬約220℃のオーブンで約15分焼く。

ホウレン草のベーグル

材料（約5個分）

- フランスパン専用粉（フランス）…225g
- ライ麦粉（メールダンケル）…25g
- 砂糖…13g
- 塩…5g
- ショートニング…5g
- 生イースト…5g（インスタントドライイーストの場合は2g）
- 水…70g
- 油脂類（ボウルにぬる用）…適量

ピューレの材料

- ホウレン草（ゆでたもの）…60g
- 水…40g

所要時間 2時間

難易度 ★★★

Arrange
クルミのベーグル
クルミの香ばしい風味があとを引きます

クルミのベーグルの工程の流れ

材料を混ぜる→こねる（約15分）→クルミを生地に混ぜてこねる→発酵（28～30℃で約30分）→分割→成形→ホイロ（約35℃で約30分）→ゆでる（約1分）→焼く（約220℃で約15分）

クルミのベーグル

材料（約5個分）

P90の材料
クルミ…75g

所要時間 2時間

難易度 ★★★

1

2

3

4

5

6

7

8

9

10

11

12

❶P90①～P91㉔までを参考に生地を作る。生地を平らにして粗くきざんだクルミをのせ、バラバラにならないように少し手で埋めこんでおく。❷クルミが中に入るように巻く。

❸角度を90度変えて、さらに巻く。❹～❺手のひらで生地を押しながら、生地にクルミが混ざるように約15分こねる。❻写真のようになったら完了。❼油脂類をぬったボウルに入れ、28～30℃で約30分発酵させる。

❽発酵後の生地を台に出し、80gに分割する。40g以上残った生地は小さく成形する。❾～❿P92㉞～52を参考に成形する。⓫成形後P92 53と同様にホイロをとる。⓬沸騰がやや収まったお湯で約1分ゆでる。約220℃のオーブンで約15分焼く。

Arrange

ブルーベリーのベーグル

ブルーベリーの甘酸っぱい味わいが際立つ

ブルーベリーベーグルの工程の流れ

材料を混ぜる→こねる（約15分）→ブルーベリーを生地に混ぜてこねる→発酵（28～30℃で約30分）→分割→成形→ホイロ（約35℃で約30分）→ゆでる（約1分）→焼く（約220℃で約15分）

ブルーベリーのベーグル

材料（約5個分）

P90の材料
ドライブルーベリー…75g

❶P90①～91㉓までを参考に生地を作る。❷グルテン膜のチェックをしたら、生地を平らにして、ブルーベリーをのせ、バラバラにならないように少し手で埋めこんでおく。

❸生地を巻く。❹角度を変えてさらに巻く。❺生地にブルーベリーが混ざるようにこねる。❻油脂類をぬったボウルに入れ、28～30℃の場所で約30分発酵させる。❼発酵後の生地を80gに分割する。40g以上残った生地は小さく成形する。

❽～❾P92㉞～52を参考に成形する。❿厚手の布の上にオーブンペーパーを敷いた天板に生地を置き、約35℃の場所で30分ホイロをとる。⓫沸騰が収まったお湯で約1分ゆでる。⓬約220℃のオーブンで約15分焼く。

所要時間
2時間

難易度
★★★

Arrange

トマトのベーグル

トマトの鮮やかな色合いに注目！

トマトのベーグルの工程の流れ

材料を混ぜる→たたいてこねる（約7分）→押してこねる（約7分）→発酵（28～30℃で約30分）→分割→成形→ホイロ（約35℃で30分）→ゆでる（約1分）→焼く（約220℃で約15分）

❶ボウルにフランスパン専用粉、ライ麦粉、砂糖、塩、ショートニングを入れる。生イーストは手で細かく砕いて入れる。さらにトマトの水煮を加える。❷指先を使って円を描くように混ぜる。ひとかたまりになったら台に出す。

❸両手で生地を上下に動かしながらかたさが同じになるまで練る。❹P85㊺～㊼の要領で、約7分たたいてこねる。❺生地を押しながら、約7分こねる。❻～❼写真のようなグルテン膜が張ったら、油脂類をぬったボウルに移し28～30℃の場所で約30分発酵させる。

❽発酵後の生地を台に出し、80gに分割する。40g以上残った生地は小さく成形する。❾～❿P92㉞～52を参考に成形する。⓫成形後P92 53と同じ条件でホイロをとる。⓬沸騰が収まったお湯で約1分ゆで、約220℃のオーブンで約15分焼く。

トマトのベーグル

材料（約5個分）

- フランスパン専用粉（フランス）…225g
- ライ麦粉（メールダンケル）…25g
- 砂糖…13g
- 塩…5g
- ショートニング…5g
- 生イースト…5g（インスタントドライイーストの場合は2g）
- 油脂類（ボウルにぬる用）…適量
- トマトの水煮（ダイスカット）…170g

所要時間 2時間

難易度 ★★★

About a Bread

パンのはなし＋1

ベーグルサンドのおいしいバリエーション

カリッ、モチッ…クセになるベーグルサンドのバリエを紹介

クリームチーズ＆スモークサーモン＆ケイパー

作り方

クリームチーズをベーグルにたっぷりぬり、上にスモークサーモンと少量のケイパーをのせる。

できあがり

これでもOK 定番のブルーベリージャムはもちろん、クリームチーズに細かく砕いたくるみを混ぜてはさんでも。

レタス＆ソーセージ＆チーズ

作り方

よく水気を切ったレタスを敷き、スライスしたチェダーチーズとソーセージをのせる。ソーセージの味を変えてのせてもおいしい。

できあがり

これでもOK レタスとトマト、ベーコンでBLTに。レタスやトマトなど野菜だけでまとめるとヘルシーに！

えび＆アボカド＆マヨネーズ

作り方

よく水気を切ったレタスを敷き、ボイルしたえび、5mmの厚さに切ったアボカドをのせ、最後にマヨネーズをたっぷりかける。

できあがり

これでもOK えびの代わりに鶏ササミでも相性がよい。アボカドをレモン汁と醤油で和えて焼いてはさんでも。

チーズやハム、ジャム…組み合わせは無限大！

モチモチした独特の食感のベーグルは、作り方が簡単なうえ時間もそれほどかからない、初心者におすすめのパンです。味わいのバリエーションが多いのもベーグルの特徴で、基本の生地にクルミやレーズンなど好きなものを入れて簡単にアレンジができます。

さらにベーグルは、その持ち味を生かしてサンドイッチにするとおいしさが倍増します。定番はクリームチーズとブルーベリージャムの組み合わせですが、スモークサーモンやくるみなどとの相性もぴったりです。レタスやソーセージ、えびなど、好きな食材を自分なりに組み合わせるのも、新しいおいしさが発見できるでしょう。

サンドイッチにしたらそのままでも食べられますが、ベーグルだけを2～3分焼いてから作るとモチモチ感が倍増し、より食べごたえのある仕上がりになります。

Schweizerbrötchen

ライ麦パン

シンプルだけど、ライ麦の素朴なおいしさが生きています

Schweizerbrötchen

ライ麦パン

材料（約５個分）

フランスパン専用粉（フランス）…200g
ライ麦粉…50g
塩…5g
脱脂粉乳…5g
モルトシロップ…1g
ショートニング…5g
インスタントドライイースト…4g
水…165g
油脂類（ボウルにぬる用）…各適量

所要時間
3時間

難易度
★★★

材料を混ぜる

台の上で練る

❶ボウルに、フランスパン専用粉、ライ麦粉、塩、脱脂粉乳、ショートニング、インスタントドライイーストを合わせる。❷〜❸別のボウルにモルトシロップと水を入れ、指で溶かす。❹〜❻①のボウルに②を加え、指先で円を描きながらボウルの中で混ぜる。

❼ひとかたまりになったら台に出す。❽手やボウルについた生地もカードできれいに取る。❾〜❿生地を両手でつかみ、手を上下に動かしながら台の上で練る。

⓫〜⓬全体のかたさが同じになったら、カードでひとまとめにする。手についた生地も取る。⓭生地の底から指先を差しこんで持ち上げる。⓮生地を返しながら下端を台にたたきつける。⓯つかんだ生地をたたいた生地にかぶせる。

※こね上げ温度26～28℃

たたいてこねる（約5分） → **押してこねる**（約5分） → 発酵（28～30℃で約60分） → 分割 → 丸め 次のページへ

⑯～⑲常に生地の向きを変えながら⑬～⑮の要領でたたきながらこねる。これを約5分繰り返す。⑳生地がつるんとしてきたら、手についた生地をきれいにしてひとまとめにする。

㉑～㉕生地を手前に向かって半分に折り、手のひらを使って生地の合わせ目を押し出すようにしてこねる。合わせ目がだんだんと上へ向くように押し出す。次に角度を変えて同じようにこねる。これを約5分繰り返す。

㉖生地の一部を切り取り、グルテン膜のチェックをする。㉗写真のような膜が張っていたら、油脂類をぬったボウルに入れ、乾燥しないよう28～30℃の場所で約60分発酵させる。㉘発酵が終わると発酵前に比べ約2倍にふくれる。㉙生地を台に取り出す。

㉚生地を80gに分割する。全部で5個分になる。㉛40gに満たない生地は、等分して分割後の生地に分ける。㉜右手を丸めて生地を持ち、左手を台の代わりにしてまっすぐおく。㉝～㉞左手に生地をこすりつけるようにして反時計回りに回しながら丸める。

丸め → ベンチタイム（約15分） → 成形 → ホイロ（約32℃で約50分） → 焼く（約230℃で約20分）

㉟しっかりと丸めず、軽く丸める程度でよい。㊱とじ目を下に向けてビニールをかけ、約15分ベンチタイムをとる。㊲〜㊴ベンチタイム後の生地を裏返して手のひらで平らにする。

㊵〜㊷生地の上1/3を折り、向きを変えて上からさらに1/3折る。折ったあとは合わせ目を手のひらで押さえる。㊸〜㊹さらに横半分に折り、合わせ目を手のつけ根を使って押さえてとじる。

㊺〜㊻台の上で生地の両端を転がして棒状にする。㊼厚手の布を天板の上に敷き、山を作り、その間に生地をのせて、約32℃の場所で約50分ホイロをとる。㊽ホイロ後の生地はホイロ前の生地より1.5〜2倍ほどふくらむ。

㊾天板を入れてオーブンを予熱する。オーブンペーパーを台に敷き、生地をのせる。㊿〜52クープナイフで縦に1本クープを入れる。53オーブンから熱い天板を出してオーブンペーパーごと移し、霧吹きで水を吹きかけて約230℃で約20分間焼く。

Point

成形時に入れる
シナモンシュガーはたっぷり入れる

焼成時に真ん中が飛び出たら
途中で押さえる

Cinnamon roll

シナモンロール

シナモンシュガーを巻きこんだ上品な甘さが特徴

Cinnamon roll

シナモンロール

材料（底の直径約8cmのアルミケースで8個分）

強力粉（カメリヤ）…250g
砂糖…40g
塩…4g
脱脂粉乳…10g
バター（室温）…50g
卵…75g
生イースト…8g（インスタントドライイーストの場合は4g）
水…90g
シナモンパウダー…小さじ1
溶かしバター（成形用）…30g
シナモンシュガー…100g
（砂糖95gにシナモンパウダーを5g混ぜる）
溶き卵（仕上げ用）、打ち粉、油脂類（ボウルにぬる用）…各適量

所要時間
3時間30分

難易度
★★★

材料を混ぜる

台の上で練る

1〜15

❶ボウルに強力粉、砂糖、塩、脱脂粉乳、シナモンパウダーを入れる。❷〜❸別のボウルに生イーストと水を泡立て器で混ぜ、卵を加えて泡立て器で混ぜる。❹〜❺①のボウルに③を加えて、指先で円を描くように混ぜる。

❻〜❼ひとかたまりになったら台に取り出す。手やボウルについた生地をカードできれいに取る。❽〜❿生地を両手でつかみ、手を上下に動かしながら台の上で練る。

⓫〜⓬全体のかたさが同じになったら、カードでひとまとめにする。手についた生地も取る。⓭生地の底から指先を差しこんで持ち上げる。⓮生地を返しながら下端を台にたたきつける。⓯つかんだ生地をたたいた生地にかぶせる。

こねる
（約15分）

バターを包みこんで生地を練る

こねる
（約20分）

次のページへ

⑯〜⑲常に生地の向きを変えながら⑬〜⑮の要領で約15分繰り返してこねる。⑳途中で手についた生地をカードで取りながらたたく。ベタついてやわらかい生地だが根気よくこねる。

㉑〜㉓台に生地が貼りつかなくなり、生地の表面にハリが出てきたら完了。㉔生地の一部を切り取り、グルテン膜のチェックをし、写真のような膜が張っていたら生地を戻し、次の工程へ移る。

㉕生地を平らにして、バターをのせる。㉖四方の生地でバターを包む。㉗〜㉘生地を両手で持ち、上下に動かしながら台の上で練る。㉙全体のかたさが同じになるまで練る。

㉚カードで生地をひとまとめにする。㉛〜㉞⑬〜⑮の要領で生地を持ち上げてたたいたら生地をかぶせ、角度を変えて持ち上げ、さらにたたいてかぶせるという動作を約20分繰り返す。はじめのうちはかなりやわらかいが打ち粉はしない。

発酵
（28～30℃で約60分）

こねる
（約20分、こね上げ温度26～28℃）

35～39生地がかなりやわらかいのでこねはじめのうちはこねにくいが、打ち粉はしないこと。こね続けていくことでだんだんとまとまってくる。

20分間 こねた状態

40～43こねはじめてから20分ほど経つと、台に生地が貼りつかなくなり、ツヤも出てくる。

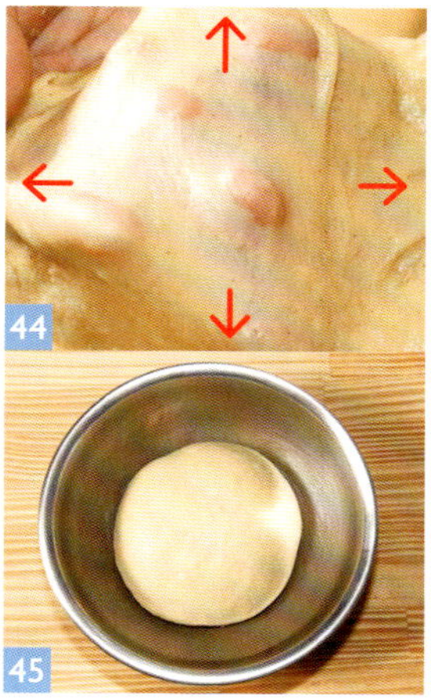

発酵後

44生地の一部を切り取り、グルテン膜のチェックをする。写真のような膜が張っていたら生地をまとめる。45油脂類をぬったボウルに生地を入れ、乾燥しないよう28～30℃の場所で約60分発酵させる。46～47打ち粉をした台に、発酵した生地を取り出す。

48生地内のガスをつぶすように手のひらで平たくする。49生地の角をのばして四角に整える。50～52生地の中心から上、中心から下の順にめん棒をかける。

次のページへ

成形

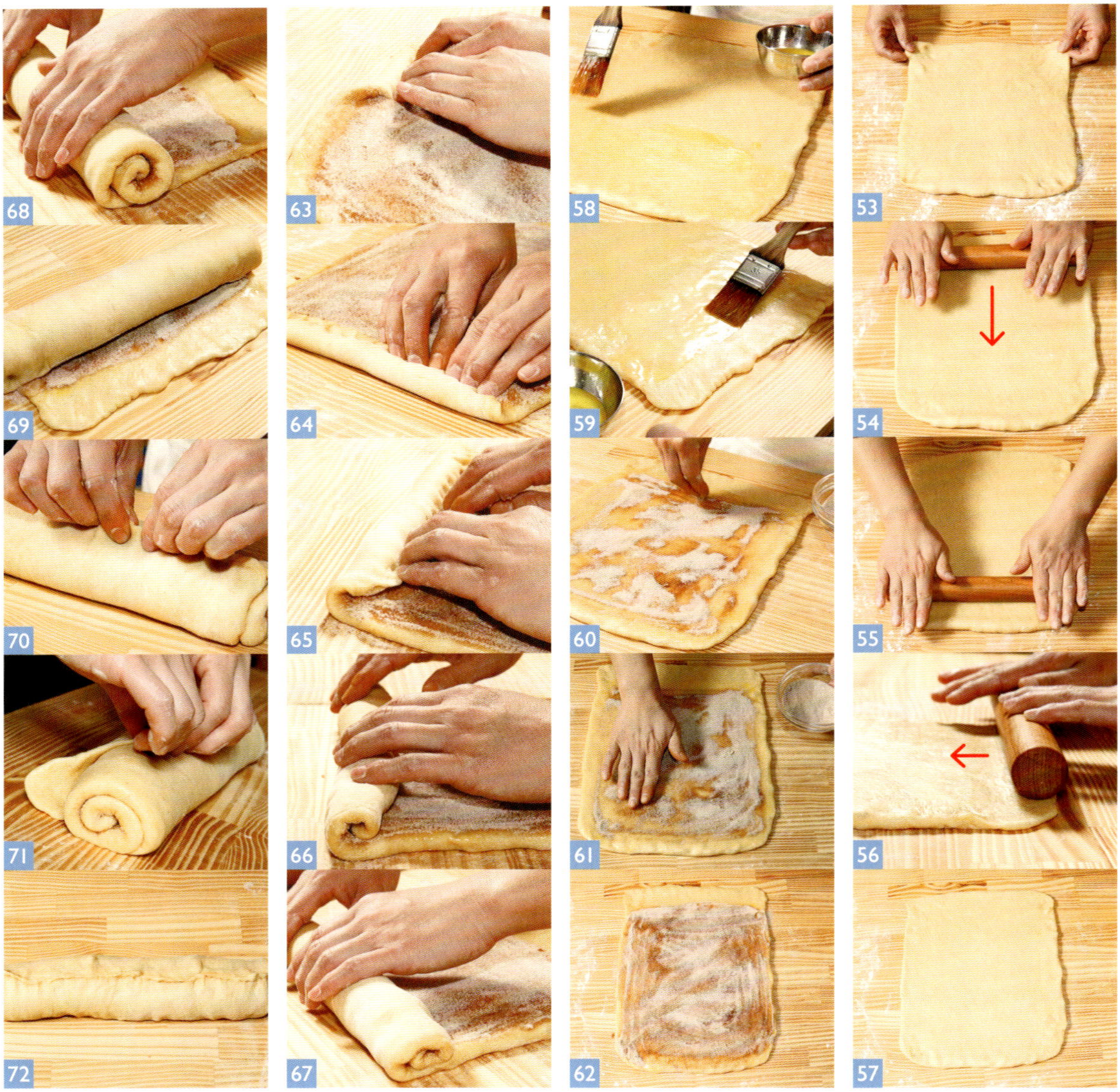

53～55ときどき、台から生地をはがすようにしてめん棒をかけるとのびやすくなる。56手前の生地の端2cmほどを、めん棒で少し薄くのばしておく。57最終的に縦35cm×横25cmの長さにのばす。

58ハケを使って生地に溶かしバターをぬる。59 56で薄くのばした部分は、のちに巻いたときのとじしろになるのでバターはぬらない。60～62上からシナモンシュガーをふりかけ、手のひらで広げる。とじしろ部分にはシナモンシュガーはふらない。

63～65生地の上端をひと巻きして、指でしっかりと押さえて芯を作る。66～67手で整えながら生地をゆっくり巻いていく。

68～72最後の2cmほどまで巻いたら、残りの生地の方をかぶせ、とじ目を指でつまんでとじる。

RESCUE!

形がガタガタで成形しにくいときは…

巻いてから生地の先端を切って整えます

左のようになってしまったら、修正がしにくいので、いったん生地を巻いてから、次の方法で成形します。

1 巻き目がガタガタになるがひとまず生地を巻き、とじ目を指でつまんでしっかりとじる。

2 巻き目からはみ出た生地はある程度の所で包丁で切り落とす。切り落とした生地は、8等分しておく。

3 残った生地を8等分する。アルミケースにまずは2で切り落とした生地をのせてはかりで重さをはかる。

4 その上から生地をのせ、重さをはかる。1個あたり70g前後になればよい。

5 8個とも同じくらいの重さになればよい。あとは77〜81の工程を参考に焼き上げる。

ホイロ（約35℃で約50分） ← **焼く**（約210℃で10〜12分）

73

74

75

76

77

78

79

ホイロ後

80

81

73生地の真ん中を包丁で勢いよく切る。74〜75二等分したそれぞれの生地をさらに4等分する。全部で8個になる。

Point! 生地を切るときは一気に行う

生地を切るときは包丁を上から下へ一気に落とすように押して切るとやりやすい。

76天板の上にアルミケースを置き、生地の断面を上にしてのせる。77〜78断面を手で広げながら、アルミケースと同じくらいの高さに整える。79約35℃の場所で約50分ホイロをとる。80〜81溶き卵をぬり、約210℃のオーブンで10〜12分焼く。

Arrange シナモンレーズンパン

シナモンとレーズンの黄金コンビ

シナモンレーズンパンの工程の流れ

材料を混ぜる→**こねる**（約15分）→**バターを入れる**→**こねる**（約20分）→**レーズンを生地に混ぜる**→**発酵**（28～30℃で約60分）→**分割**→**丸め**→**ベンチタイム**（約15分）→**成形**→**ホイロ**（約35℃で約40分）→**焼く**（210℃で10～12分）

シナモンレーズンパン

材料（約10個分）

P104の材料
レーズン…80g

所要時間 3時間

難易度 ★★★

1

2

❶P104①～P106㊹を参考にして、生地を作る。❷生地を平らにしてレーズンを置き、下から巻く。

3

4

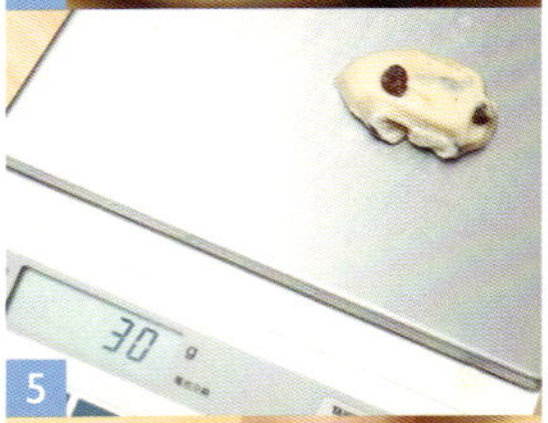

5

6

7

❸P105⑯～⑲を2～3分繰り返して生地にレーズンを混ぜる。❹ボウルに入れ約60分発酵させる。❺打ち粉をした台に出し30gに分割する。❻P71㉒～㉖の要領で生地を丸め約15分ベンチタイムをとる。❼打ち粉をした台にとじ目を上に向け生地をつぶす。

8

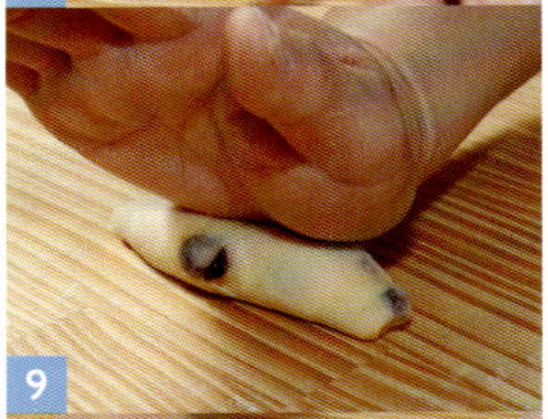

9

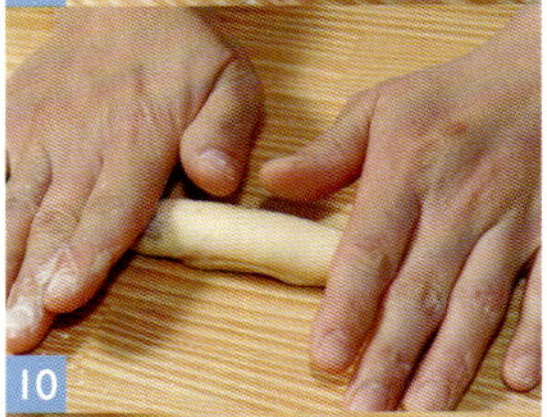

10

11

12

❽生地の上下1/3を折り、折り目をつぶす。❾生地を半分に折り、合わせ目を押さえる。❿生地の両端を転がして棒状にする。⓫棒状の生地を横にふたつ並べ、端を指でつまむ。⓬オーブンペーパーを敷いた天板の上で約40分ホイロをとり、溶き卵をぬり焼く。

About a Bread

パンのはなし＋1

パンの仕上がりと材料の関係をさぐる

副材料が１種類多く入っただけなのに味が変わるのはなぜ？

パンの主原料

① 小麦粉
小麦粉にだけ含まれるグルテンが、水と一緒になることで膜状になり、イーストが発散する炭酸ガスをキャッチする。

② 水
小麦粉と混ぜてこねることで、粉内のグルテン組織が作られ、これが発酵によりゴム風船のようにふくらむ。

③ イースト
イーストが生地内の糖分を食べて発した炭酸ガスによって生地がふくらむ。生イーストとドライイーストがある。

④ 塩
グルテン組織を引き締めコシを出す。これがないと、生地がベタベタしてまとまりにくくなる。

＋

砂糖

役割
イーストの栄養源になり発酵を促進させる。生地に甘みとしっとり感をもたせ、焼き色をよくする働きもある。

砂糖の割合が多いパン
スイートロール、メロンパン、シナモンロールなどは粉に対して15%以上含まれる。

卵

役割
生地の伸縮性がよくなり、しっとりかつふんわり仕上がる。生地の表面にぬることで、焼き色をよくする働きも。

卵の割合が多いパン
ブリオッシュは粉に対して約50%もの卵が含まれる。スイートロールは約30%。

牛乳

役割
牛乳に含まれる乳糖が、パンにこんがりとした焼き色をつける。また甘い風味を出す際にも役立つ。

牛乳の割合が多いもの
スコーンは粉に対して約40%とほぼ半量の牛乳が含まれている。

油脂類

役割
焼き上げの際に生地のふくらみをよくする。折りこみ生地に関しては油脂類の層を作る役割がある。

油脂類の割合が多いもの
生地中の割合がもっとも多いのがブリオッシュ。折りこみ生地のパンにも豊富。

複雑にからみあう 材料同士の化学変化

パンの味わいは、材料の種類や配合率に加え、こね時間や発酵具合など、さまざまな要因が組み合わさることで生まれます。その中でも基本材料以外の材料には、パンの味わいを変える重要な役割があります。

たとえば、バターロールとブリオッシュは基本的な生地の材料はほぼ同じです。ただし、バターと卵がバターロールよりもブリオッシュの方に3倍近く多く入っているため、食感も香りもまったく異なります。砂糖は、イーストの働きをよくするために両方のパンに含まれています。

本書ではハード系のパンにモルトシロップ（麦芽糖）を加えていますが、これも基本的には発酵を補う役割をします。しかし、砂糖の代わりにモルトシロップを加えても発酵が促進されるわけではありません。

カレーパン

ツナコーン

Curry bread, Tuna&corn bread, Pizza bread

調理パン

調理パンのなかでも人気の高い３種を紹介

ピザパン

Point

カレーパンの揚げ油は
ショートニングを使うとサクッと仕上がる

カレーパンの具は
やわらかくしすぎない

Curry bread

カレーパン

材料（10個分）
強力粉（カメリヤ）…200g
薄力粉…50g
砂糖…20g
塩…5g
脱脂粉乳…10g
ショートニング…25g
卵…50g
生イースト…9g（インスタントドライイーストの場合は4g）
水…115g
打ち粉、油脂類（ボウルにぬる用）…各適量

カレーパンの具の材料
サラダ油（炒め用）…大さじ1
玉ネギ…1/2個
ニンジン…1/6本
豚ひき肉…80g
ジャガイモ…大1個（かたさを調節する）
インスタントカレールウ…50g
カレーパウダー、水、塩・コショウ…各適量

揚げる際に必要な材料
ショートニングまたはサラダ油…2ℓ以上
パン粉、溶き卵…各適量

所要時間
3時間

難易度
★★★

材料を混ぜる

台の上で練る

❶ボウルに、強力粉、薄力粉、砂糖、塩、脱脂粉乳を入れる。❷〜❸別のボウルに生イーストと水を泡立て器で混ぜ、卵を加えてさらにかき混ぜる。❹〜❺①のボウルに③を入れ、指先で円を描くように混ぜる。

❻〜❼ひとかたまりになったら台に取り出す。手やボウルについた生地もカードできれいに取る。❽〜❿両手で生地をつかみ、上下に動かしながら台の上で練る。

⓫〜⓬全体が同じかたさになったら、カードで生地をまとめる。手についた生地も一緒にする。⓭生地の底から指先を差しこんで持ち上げる。⓮生地を返しながら下端を台にたたく。⓯つかんだ生地をたたいた生地にかぶせる。⑬〜⑮を約10分繰り返す。

※こね上げ温度26～28℃

こねる
(約10分)

ショートニングを
包みこんで生地を練る

こねる
(約10分)

発酵
(28～30℃で約50分)

次の
ページへ

10分間
こねた状態

⑯～⑱こねはじめてから10分ほど経つと、台に生地が貼りつかなくなる。⑲生地の一部を切り取り、グルテン膜のチェックをする。写真のような膜が張っていたら次の工程へ移る。

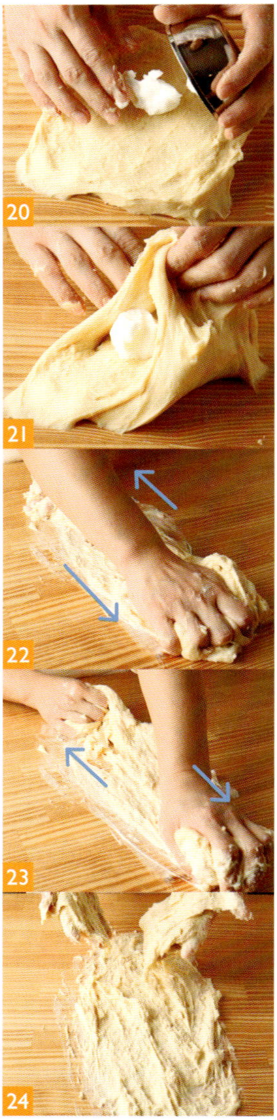

⑳生地を平らにして、ショートニングをのせる。㉑四方の生地でショートニングを包みこむ。㉒～㉓生地をつかんで上下に動かしながら、台の上で生地とショートニングを練る。㉔生地全体にショートニングがなじむまで㉒～㉓の動作を続ける。

㉕カードで生地をかき集める。手についた生地もきれいに取る。㉖～㉙常に生地の向きを変えながら⑬～⑮の要領で約10分こね続ける。

10分間
こねた状態

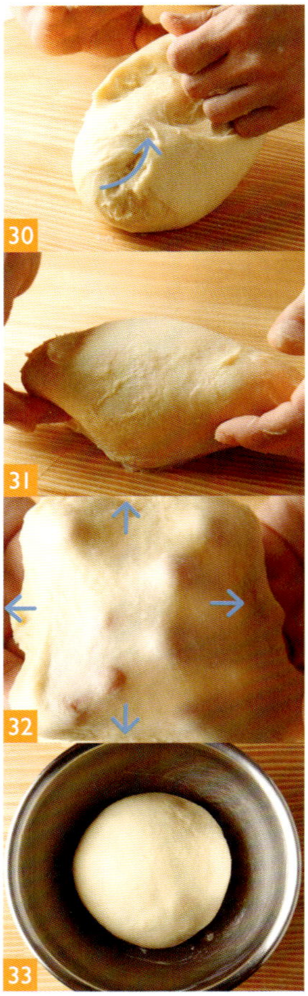

㉚～㉛10分ほどこね続けていくと、生地が完全にまとまってくる。㉜～㉝生地の一部を切り取ってグルテン膜のチェックをする。写真のような膜が張っていたら、油脂類をぬったボウルに入れ、乾燥させないよう28～30℃の場所で約50分発酵させる。

カレーパンの具を作る　分割　丸め

カレーパンの具を作る

34

35

36

37

㉞ジャガイモは皮をむき、ゆでたらつぶしておく。㉟鍋にサラダ油を熱し、みじん切りのニンジンと玉ネギを炒める。㊱玉ネギが透き通ってきたら豚ひき肉を入れて炒め、塩・コショウで味を調える。㊲ひたひたになるくらいの量の水を加える。

38

39

40

41

42

㊳カレールウを割り入れてよく混ぜる。㊴全体がトロっとしてきたら、㉞のジャガイモを少しずつ加えてかたさを調節する。㊵辛さが足りなかったらカレーパウダーを加える。㊶あんこぐらいのかたさになったら火を止める。㊷バットに広げて冷ます。

発酵後

43

44

45

46

㊸〜㊹台に打ち粉をして、発酵後の生地を取り出す。㊺〜㊻生地に切り込みを入れて棒状にし、1個45gに分割する。全部で10個取れる。

47

48

49

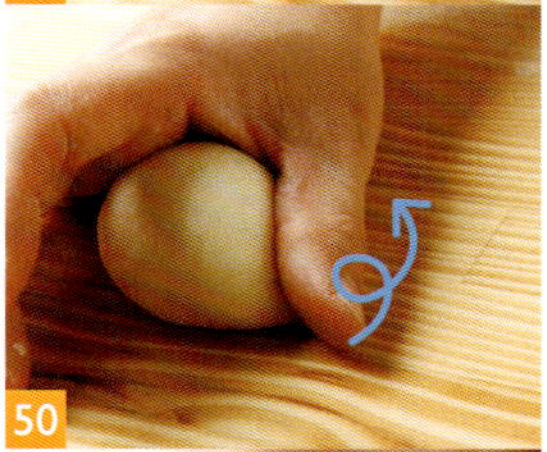
50

51

㊼20gに満たない生地が余ったら、等分して分割後の生地に合わせる。㊽〜51猫の手のように丸めた手で生地を包む。台に生地をこすりつけるように反時計回りに回し、すべての生地を丸める。

ベンチタイム（約15分）

52〜53丸めた生地を並べ、ビニールをかけて約15分ベンチタイムをとる。54〜55台に打ち粉をして、ベンチタイム後の生地をいったん手のひらで平らにする。次にめん棒で楕円形にのばす。56生地を手のひらにのせる。

成形

57カレーパンの具をヘラでひとすくい取り、生地にのせる。58〜61手をくぼめながら生地の端を引っ張ってカレーパンの具を包む。ここでカレーの具がはみ出していると、揚げているとき具が出てくる。油の中で出てくるのは危険なのでとじ目はしっかりとじる。

ホイロ（約35℃で40〜50分）

62〜64溶き卵、パン粉の順で生地にまぶす。65〜66布を敷いた天板の上に並べ、手で平らにして約35℃の場所で40〜50分ホイロをとる。

Point! **ホイロが足りないと生地が割れることも**

ホイロ不足は生地の表面にひび割れができる。

揚げる（約170℃の油で7〜8分）

ホイロ後

67ショートニングまたはサラダ油を約170℃に熱したら、とじ目を下にして生地を入れる。68〜69片面3〜4分、両面で7〜8分を目安に揚げる。70キツネ色に揚がったら、揚げ網に上げてしっかり油を切る。

Tuna&corn bread

ツナコーン

材料（約7個分）

強力粉（カメリヤ）…250g
砂糖…20g
塩…4g
脱脂粉乳…5g
ショートニング…20g
卵…25g
生イースト…8g（インスタントドライイーストの場合は4g）
水…140g
溶き卵（仕上げ用）、打ち粉、油脂類（ボウルにぬる用）…各適量

トッピングの材料

ツナ…小1缶
コーン…80g
マヨネーズ…適量

所要時間
3時間

難易度
★★★

材料を混ぜる

台の上で練る

❶ボウルに強力粉、砂糖、塩、脱脂粉乳を入れる。❷〜❸別のボウルに生イーストと水を泡立て器で混ぜ、卵を加えてさらにかき混ぜる。❹①のボウルに③を入れる。❺〜❼指先で円を描くように混ぜる。

❽ボウルの中でひとかたまりになったら台に取り出す。手やボウルについた生地もきれいに取る。❾〜❿両手で生地をつかみ、上下に動かしながら台の上で練るようにして混ぜる。

⓫〜⓭全体が混ざるまで練り続ける。⓮〜⓯全体のかたさが同じになったら、カードで生地をまとめる。手についた生地も取って一緒にする。

こねる
（約10分）

次のページへ ショートニングを包みこんで生地を練る

⑯生地の底から指先を差しこんで持ち上げ、生地の下端を台にたたきつける。⑰つかんだ生地をたたいた生地にかぶせる。⑱〜⑳常に生地の向きを変えながら⑯〜⑰の要領でたたきながらこねる。これを約10分繰り返す。

10分間 こねた状態

㉑〜㉓こねはじめてから10分ほど経つと、台に生地が貼りつかなくなり、こねやすくなる。㉔生地の一部を切り取り、グルテン膜のチェックをする。写真のような膜が張っていたら完了。

㉕〜㉖生地を平たくして、ショートニングをのせる。㉗生地の四方を引っ張り、ショートニングを包みこむ。㉘〜㉙両手で生地を持ち、上下に動かして引きちぎるようにして練る。

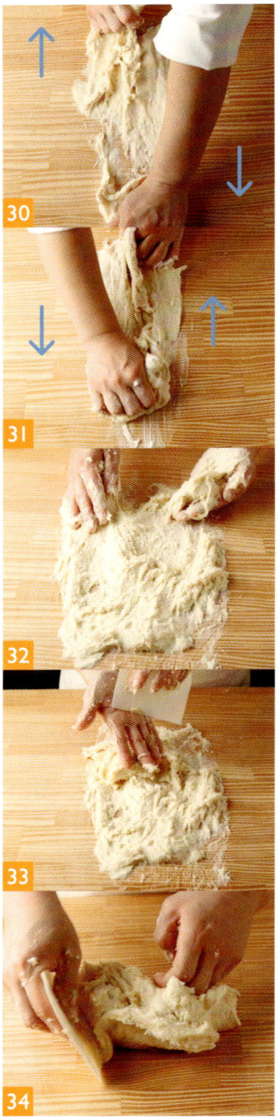

㉚〜㉛生地にショートニングがなじむまで台の上で練る。㉜〜㉞全体のかたさが同じになるまで混ざったら、カードで生地をかき集めてまとめる。手についた生地もきれいに取る。

こねる
（約10分、こね上げ温度26～28℃）

㉟生地の底から指先を差しこむ。㊱生地を持ち上げて、下端を台にたたきつける。㊲つかんだ生地をたたいた生地にかぶせる。㊳～㊵常に生地の向きを変えながら㉟～㊲の要領でこねる。これを約10分繰り返す。

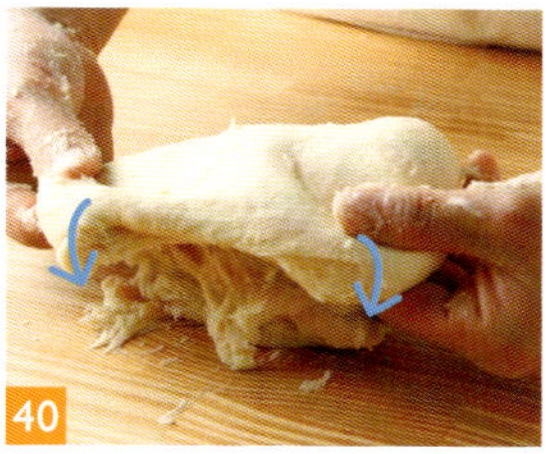

10分間こねた状態

㊶～㊸10分ほどこね続けると、生地の表面にツヤが出てくる。

発酵
（28～30℃で約60分）

発酵後

㊹生地の一部を切り取り、グルテン膜のチェックをする。写真のような膜が張っていたら完了。㊺油脂類をぬったボウルの中に生地を入れ、乾燥させないよう28～30℃の場所で約60分発酵させる。㊻～㊼打ち粉をした台に、発酵後の生地を取り出す。

分割

㊽～㊾生地を1個60gに分割する。全部で7個分になる。㊿生地が余ったら等分して分割後の生地に合わせる。30g以上の生地が余ったらそのまま小さく成形するので分けない。(51)～(55)生地を反時計回りに回しながら台の上にこすりつけて丸める。

焼く（約220℃で約12分） ＜ 具をのせる ＜ ホイロ（約35℃で約50分） ＜ 成形 ＜ ベンチタイム（約15分） ＜ 丸め

ホイロ後

67ホイロ後の生地の表面に溶き卵をぬる。68ハサミを立てて持ち、生地の真ん中に縦1本の切り込みを入れる。69切り込みの間にコーンを入れる。70上からマヨネーズを絞る。71最後にツナをトッピングし、約220℃のオーブンで約12分焼く。

63合わせ目を手のつけ根で押しつけてしっかりとじる。64生地の両端を転がして棒状にする。65～66オーブンペーパーを敷いた天板の上にのせ、約35℃の場所で約50分ホイロをとる。

58～59ベンチタイム後の生地を裏返してとじ目を上に向け、手のひらで軽くつぶす。60～61生地の上1/3を折り、向きを変えてさらに上から1/3折る。手のひらで折り目を軽くつぶす。62さらに横半分に折る。

56ビニールをかけて、約15分ベンチタイムをとる。57ベンチタイム後の生地は1.5倍ほどふくらんでいる。

Pizza bread

ピザパン

材料（約2枚分）

強力粉（カメリヤ）…250g
砂糖…13g
塩…5g
脱脂粉乳…5g
オリーブ油…20g
生イースト…8g（インスタントドライイーストの場合は4g）
水…150g

マルゲリータのトッピング

トマト…小1個
バジルの葉…8枚
モツァレラチーズ…50g
トマトソース…大さじ2

3種のチーズのトッピング

ゴルゴンゾーラ、モツァレラチーズ、パルミジャーノ…各20g
トマトソース…大さじ2

所要時間 2時間

難易度 ★★★

※こね上げ温度27～29℃

材料を混ぜる

❶ボウルに、強力粉、砂糖、塩、脱脂粉乳を入れる。❷別のボウルで生イーストと水を泡立て器で混ぜる。❸～❹①のボウルに②とオリーブ油を加えて、指先で円を描くようにして全体を混ぜる。❺ひとかたまりになったら台に出す。手についた生地もきれいに取る。

台の上で練る

❻～❼生地を両手でつかみ、上下に動かしながら台の上で練って混ぜる。❽～❾かたさが同じになったら、カードで生地をかき集める。手についた生地もきれいに取る。❿～⓫手前へ向かって生地を半分に折る。

こねる（約15分）

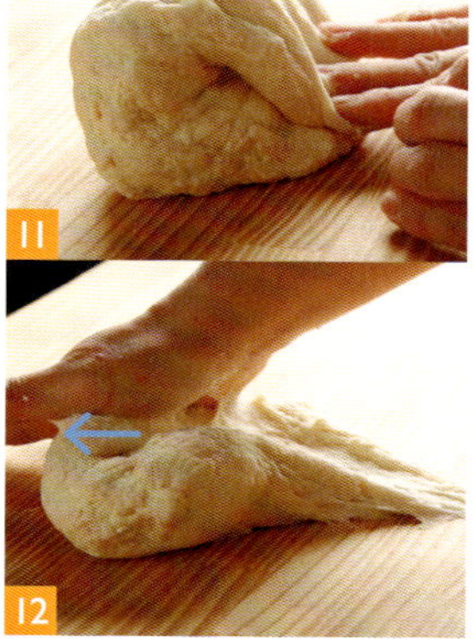

15分間 こねた状態

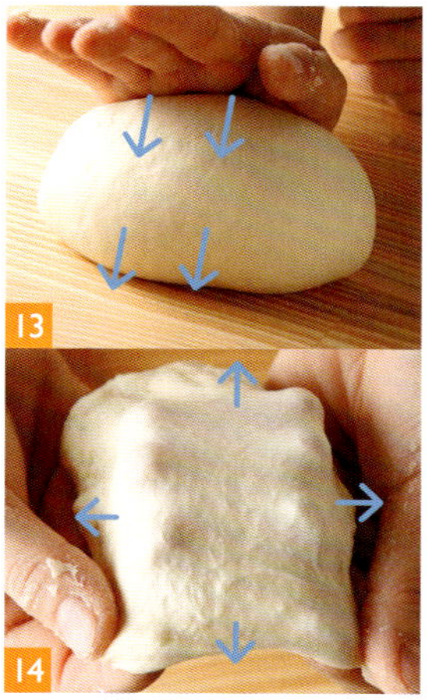

⓬手のひらで合わせ目を押し出すようにしてこねる。合わせ目が上へ向くように押し出す。次に向きを変えて同じようにこねる。⓭これを約15分繰り返す。⓮生地の一部を切り取り、グルテン膜のチェックをし、写真のような膜が張っていたら完了。

分割 → 丸め → 発酵（常温で約40分） → 成形 → ホイロ（約35℃で20～30分） → 具をトッピング → 焼く（約230℃で約15分）

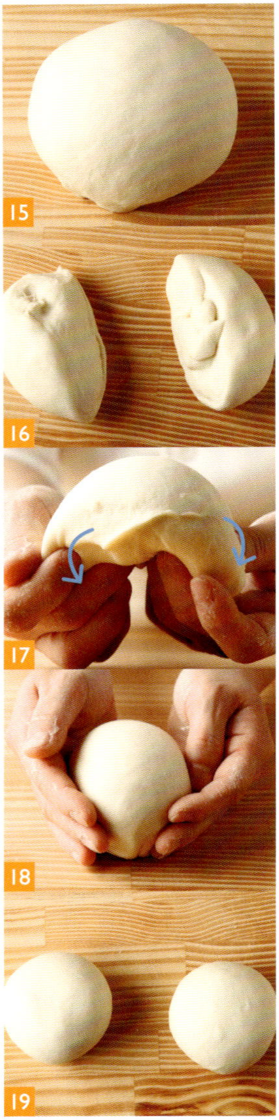

⑮生地をひとまとめにする。⑯カードで生地を二等分する。⑰～⑱それぞれの生地を二つ折りにして、台の奥から手前へ引き寄せるようにして丸める。⑲写真のように表面が張ってくるまで続ける。ビニールをかけて40分発酵させる。

発酵後

⑳～㉑発酵後の生地を軽くつぶす。㉒めん棒で長さ20cm、幅15cmの楕円形にのばす。㉓オーブンペーパーを敷いた天板の上に生地を置く。

Point! 端が縮まないように指で押さえる

生地の端が厚くなるのを防ぐため指で押さえておく。

ホイロ後

㉔約35℃の場所で20～30分ホイロをとる。㉕～㉖ホイロの間にピザの具を2種類用意する。大きい具は適当な大きさに切る。㉗ホイロ後の生地はホイロ前の生地よりもややふくらんでいる程度。

㉘生地に指を差しこんで穴（ピケ）をあける。㉙トマトソースを全体にぬる。㉚マルゲリータのトッピングをのせる。㉛場所を分けながら3種のチーズをトッピングする。3種のチーズを混ぜてのせてもよい。㉜約230℃のオーブンで約15分焼く。

About a Bread

パンのはなし＋1

簡単でおいしい！ パン粉の作り方を伝授

手作りパン粉は10分あれば簡単に作ることができます

1 食べきれず余ったパンを乾燥させる

やわらかいパンは手でちぎり、浅めのバットに入れて常温で2～3日乾燥させる。重ねるとカビが生えるので注意すること。

時間がない場合は焼く

乾燥させている時間がない場合は、パンを小さく切ってほんの少しトーストさせると水分が飛ぶ。

2 ミキサーで細かくする

ミキサーに入れて細かくする。たくさん入れると回らなくなるので、少しずつ入れる。フードプロセッサーでも可能。

ミキサーがない場合はそのままおろし金で

おろし金ですって細かくする。パンが小さくなったら、刃で指を傷つけないよう気をつける。

ビニールをかぶせたボウルの中に出す。これで完成。保存する場合は、密閉容器や密閉バッグに入れて冷凍庫へ。

残ったパンはパン粉にして活用！

パン粉は安価でいつでもどこでも手に入るため、購入することがほとんどです。しかし、市販のパン粉と手作りのパン粉は食べ比べてみると手作りパン粉の方が断然おいしいものです。カレーパンに使うパン粉も、手作りの方が素材のおいしさが引き立ちます。もし自宅に余ったパンがあるのなら、手作りパン粉にして活用してみてはいかがでしょうか。

手作りパン粉を作るときのパンの種類は、クロワッサンやスイートロールなど、油脂類や砂糖などが多いものではなく、フランスパンや食パンのようなシンプルなパンを使うことをおすすめします。

手作りしたパン粉は、プラスチック製の密閉容器や密閉バッグなどに入れて冷凍庫で保管します。約1か月はもつので、カレーパンに限らず、コロッケやメンチカツなど料理にも役立ててください。

Walnut & Raisin roll

クルミレーズンパン

発酵種を使ってしっかりと焼き上げます

Point

クルミとレーズンを
しっかり生地に混ぜこむ

クルミは粗く砕いて
歯触りよく仕上げる

Walnut & Raisin roll

クルミレーズンパン

材料（約6個分）

発酵種の材料

フランスパン専用粉（フランス）…100g
塩…2g
インスタントドライイースト…1g
水…68g

本ごねの材料

フランスパン専用粉（フランス）…200g
ライ麦粉…50g
砂糖…13g
塩…5g
バター（室温）…13g
発酵種…上記から50g
生イースト…8g（インスタントドライイーストの場合は4g）
水…157g
クルミ、カリフォルニアレーズン…各35g
打ち粉、油脂類（ボウルにぬる用）…各適量

所要時間
前日 1時間
当日 3時間15分

難易度 ★★★

前日工程

※こね上げ温度24～26℃

発酵種の材料を混ぜる → こねる（約2分） → 発酵（28～30℃で1～3時間） → 冷蔵発酵（冷蔵庫でひと晩）

❶発酵種を作る。ボウルにフランスパン専用粉、塩、インスタントドライイースト、水を入れる。❷～❺指先で円を描くようにボウルの中で混ぜる。

❻～❽ひとかたまりになったら、ボウルの底に押しつけながらこねる。ときどき、手についた生地を落としながらこねる。❾～❿写真のような状態になったら、ボウルについた生地をカードで落とす。乾燥しないよう28～30℃の場所で1～3時間発酵させる。

発酵種 発酵後

⓫～⓬発酵後の生地を台に取り出し、奥から手前へ引き寄せるようにして軽く丸める。⓭～⓮ビニール袋に入れ、冷蔵庫でひと晩発酵させる。

※余ったフランスパン生地の利用法はP203を参考にする。

本ごねの材料を混ぜる → 台の上で練る → こねる（約5分） → バターを包みこんで生地を練る

次のページへ

⑮クルミを粗く砕く。⑯本ごねをする。ボウルにフランスパン専用粉、ライ麦粉、砂糖、塩、発酵種50gを入れる。⑰別のボウルに生イーストを水で溶き、⑯のボウルに加える。⑱～⑲②～⑤の要領で混ぜ、水気がなくなったら台に出す。手についた生地も取る。

⑳～㉒生地をつかみ、上下に動かしながら台の上で練る。㉓～㉔全体に混ざったら、カードで生地をかき集める。手についた生地もきれいに取って一緒にまとめる。

㉕～㉗生地の底から指先でつかんで、生地を返しながら下端を台にたたきつけ、つかんだ生地をたたいた生地にかぶせる。常に生地の向きを変えながら㉕～㉗の動作を繰り返しながら約5分こねる。㉘5分ほどこねると台に生地が貼りつかなくなる。

㉙生地の一部を切り取り、グルテン膜のチェックをする。㉚膜が張っていたら生地を平らにしてバターをのせ、四方の生地で包みこむ。㉛～㉝生地をつかんで上下に動かしながら、台の上で練る。

こねる
（約15分、こね上げ温度26～28℃）

34

35

36

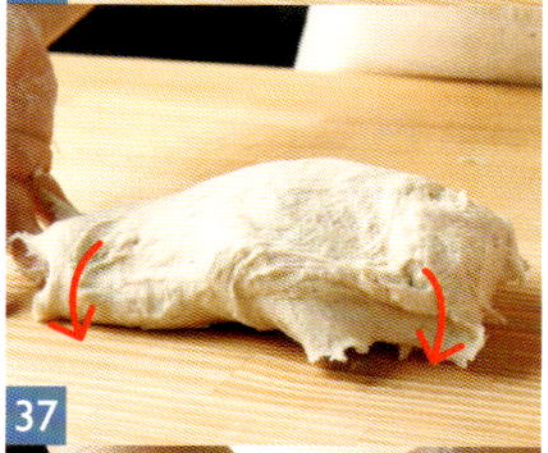
37

38

㉞生地にバターがある程度混ざったら、カードでかき集める。手についた生地も取る。㉟～㊲生地の底から指先を差しこんで持ち上げ、生地の下端を台にたたきつけ、つかんだ生地をたたいた生地にかぶせる。㊳㉟～㊲の動作を約10分繰り返す。

たたいて10分間こねた状態

39

40

41

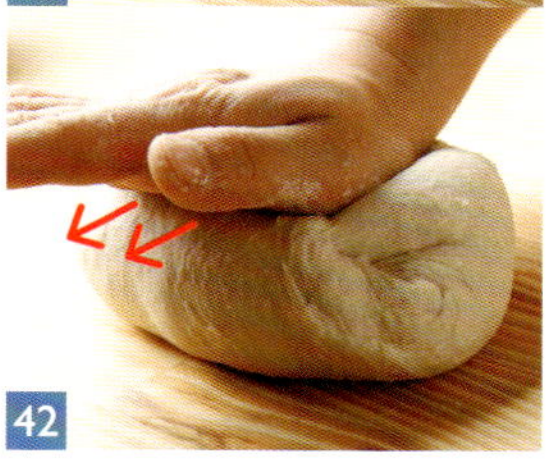
42

㊴～㊵たたいて10分こねると生地が少しずつまとまってくる。㊶～㊷生地を手前に折り、手のひらを使って押し出すようにしてこねる。生地の合わせ目が上を向いたら生地の向きを90度変え、半分に折って同じように押し出す。これを約5分繰り返す。

クルミとレーズンを混ぜる

押して5分間こねた状態

43

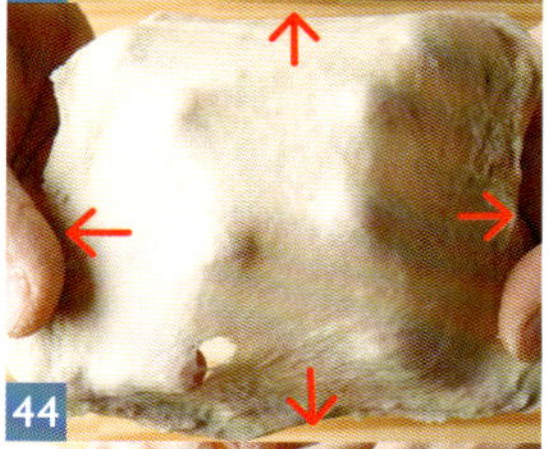
44

45

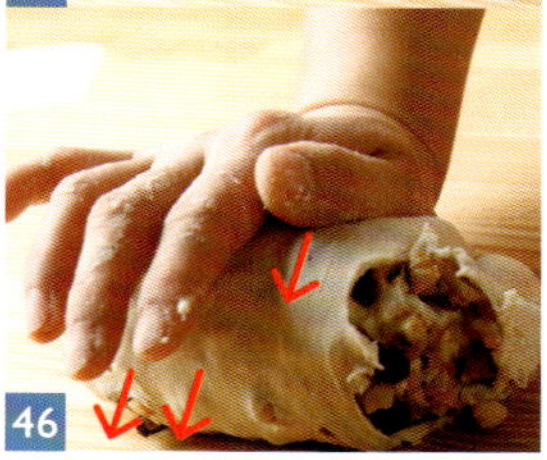
46

㊸～㊹生地の一部を切り取り、グルテン膜のチェックをする。㊺膜が張っていたら生地を戻し、平らにする。そこへクルミとカリフォルニアレーズンをのせ、生地を巻く。㊻㊶～㊷の要領で、生地を押しながらクルミとレーズンを混ぜる。

発酵
（28～30℃で約60分）

47

48

発酵後

49

50

㊼写真のような状態まで混ざるようにこねる。㊽油脂類をぬったボウルに入れ、乾燥しないよう28～30℃の場所で約60分発酵させる。㊾～㊿打ち粉をした台に発酵後の生地を取り出す。

分割&丸め → ベンチタイム（約15分） → 成形 → ホイロ（約35℃で約50分） → 焼く（約220℃で約15～18分）

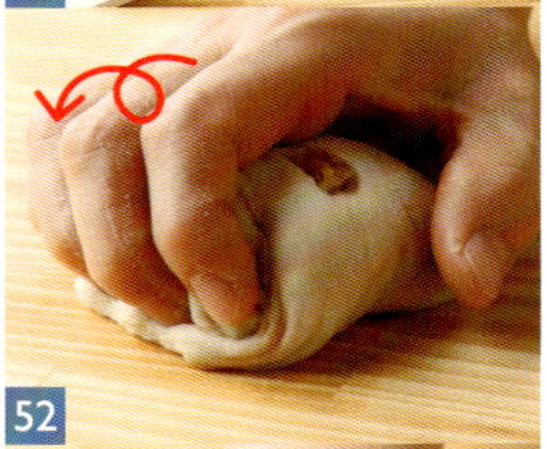

(51)生地に切りこみを入れて棒状にし、80gに分割する。全部で6個分になる。40g以上余った生地はそのまま成形する。(52)～(53)生地を台の上で反時計回りに回しながら丸める。(54)～(55)ビニールをかけて約15分ベンチタイムをとる。

丸に成形

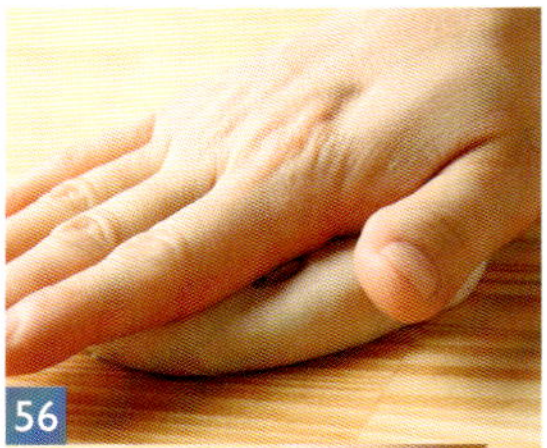

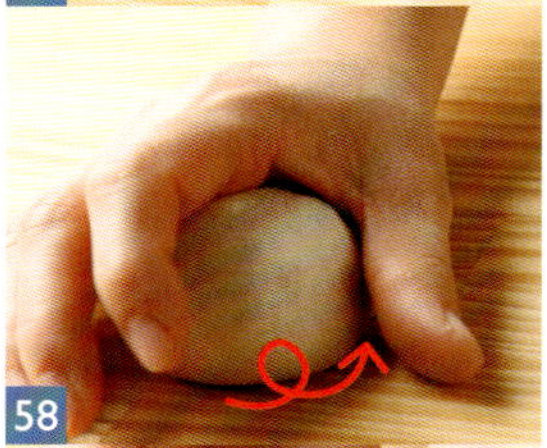

(56)ベンチタイム後の生地のうち3個は丸に成形する。まずは生地を手のひらで平らにする。(57)～(58)(52)～(53)の要領で再度丸め直す。(59)裏はつまんでとじておく。

棒状に成形

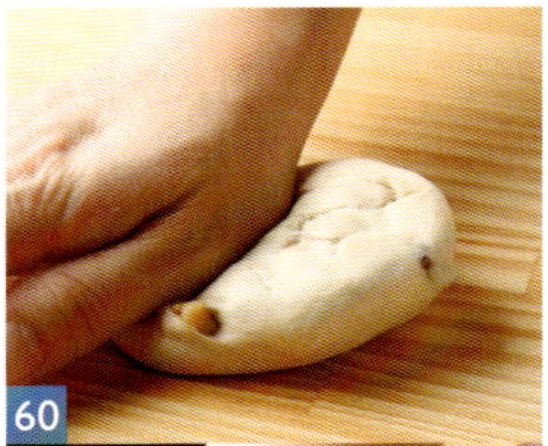
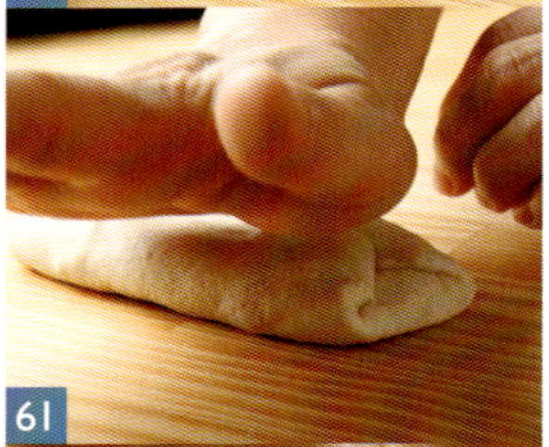
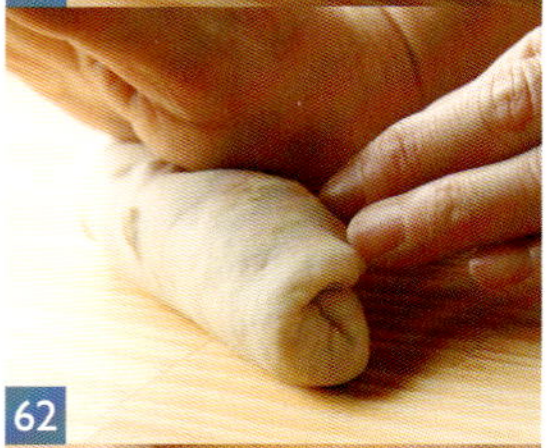

(60)ベンチタイム後の残り3個の生地は棒状に成形する。まずは生地を手のひらで平たくする。(61)生地の上下から1/3ずつ折り、手のひらで軽く平らにする。(62)さらに半分に折り、合わせ目を手のつけ根で押して閉じる。(63)生地の端を転がして、棒状にする。

ホイロ後

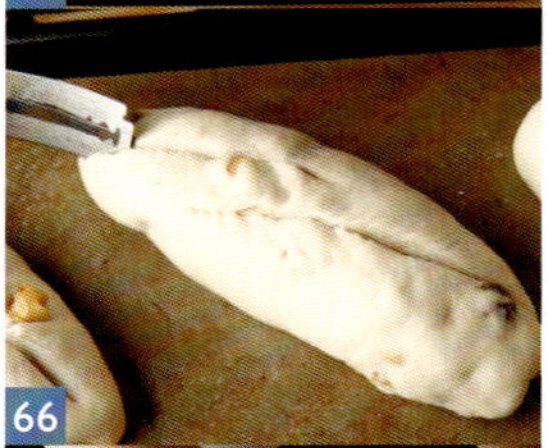

(64)～(65)オーブンペーパーを敷いた天板に置き、約35℃の場所で約50分ホイロをとる。(66)棒状の生地には斜めに2本、丸形には1本クープを入れる。(67)生地の上から霧吹きで水をたっぷりかけて約220℃のオーブンで15～18分焼く。

About a Bread

パンのはなし＋1

パンにはなぜ強力粉を使うのか?

強力粉を使うのには、きちんとした理由があります

粉のいろいろな特徴

粉の種類	タンパク質（%）	タンパク質のおもな成分	グルテンの量	グルテンの質	原料
強力粉	11.5 ～ 13.0	グルテニンとグリアジン	とても多い	とても強い	硬質小麦
準強力粉	10.5 ～ 12.5	グルテニンとグリアジン	多い	強い	硬質小麦
中力粉	7.5 ～ 10.5	グルテニンとグリアジン	中量	中くらい	中質または軟質小麦
薄力粉	6.5 ～ 9.0	グルテニンとグリアジン	少ない	弱い	軟質小麦

※本書で使用している強力粉のそれぞれのタンパク質量は、「スーパーキング」…13.8%、「カメリヤ」…11.8%、「フランス」…11.9%、「リスドオル」…10.7%です。使用している強力粉が見つからない場合は、これをもとにしてください。

グルテンとはいったいどんなもの?

イーストが生地内の糖分を食べて発する炭酸ガスや香味成分をキャッチするベッドのような役目をします。ふっくらと仕上げたいパンを作るにはよくこねて、グルテン組織をしっかり作ることが大切なのです。

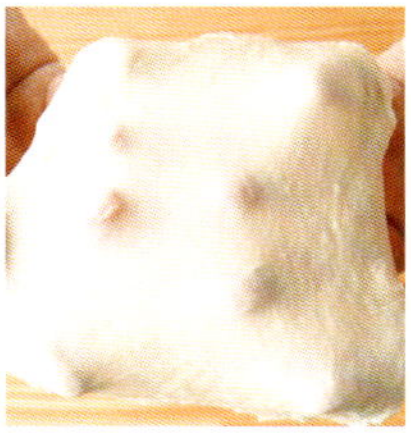

米の粉ではパンは作れないの?

グルテン組織は小麦粉にしか存在しません

小麦粉も米も主成分はデンプン質で、そのほかに含まれる栄養素もよく似ています。しかし小麦には、グリアジンとグルテニンというタンパク質が含まれています。米の粉でもパンを作ることができますが、米にはグリアジンとグルテニンが含まれていないので、小麦で作ったパンに比べるとふくらみが小さくなります。

ベッドのように弾力のあるグルテンの正体とは

小麦粉はタンパク質の含有量によって約4種類に分類されます。小麦粉のタンパク質はグルテニンとグリアジンといって、穀物の中でも小麦にしか含まれない特別なものです。これを水と一緒に混ぜてこねることで、発酵によって発生した香味成分や炭酸ガスをキャッチする膜になります。パン作りでは、グルテニンとグリアジンがもっとも多く含まれた強力粉が必須なのです。

強力粉といってもさまざまな商品があります。本書では、それぞれのパンに適した商品名を紹介していますが、その種類でしか作れないわけではなく、強力粉であれば基本的に種類は問いません。

もし、表示している種類の粉が見つからなかったら、タンパク質量がほぼ同じ粉を代用してください。タンパク質量は、パッケージに必ず記載されています。

Sweet roll

スイートロール3種

フルーツやトッピングを変えればアレンジ自在！

Point

キャラメルバナナのキャラメルは焦がしすぎない

3種のクリームはやわらかいので巻くときは慎重に！

基本になるパン生地を作る

副材料によってアレンジが可能に

スイートロールとは、甘いパン生地にフルーツやアーモンドクリームなどを巻きこんで作る菓子パンの総称です。基本の生地の作り方をマスターすれば、あとは自分の好きなクリームなどを用意すれば、バリエーションがいくつも楽しめます。まずは基本の生地作りからはじめましょう。

基本の生地の材料

（8個分）

強力粉（カメリヤ）…250g
砂糖…50g
塩…3g
脱脂粉乳…10g
バター（室温）…38g
ショートニング…25g
卵…75g
生イースト…10g（インスタントドライイーストの場合は4g）
水…70g
油脂類（ボウルにぬる用）…適量

所要時間（発酵まで）
2時間

難易度
★★★

材料を混ぜる

❶ボウルに、強力粉、砂糖、塩、脱脂粉乳を入れる。❷別のボウルで生イーストと水を泡立て器で混ぜ、そこへ卵を加えてさらに混ぜる。❸①のボウルに②を加える。❹～❺指先で円を描くようにボウルの中で混ぜる。

台の上で練る

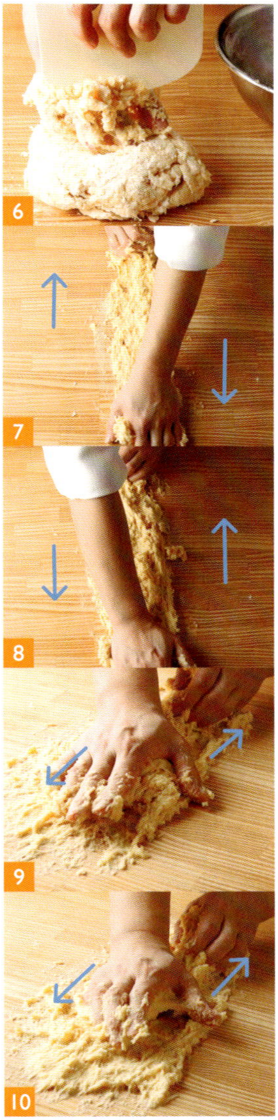

❻ひとかたまりになったら台に取り出す。手やボウルについた生地もきれいに取る。❼～❿両手で生地をつかみ、上下に動かしながら台の上で練る。

⓫～⓬全体のかたさが同じになったら、カードで生地をかき集める。手についた生地もきれいに取る。⓭生地の底から指先を差しこむ。⓮生地を持ち上げて、下端を台にたたきつける。⓯つかんだ生地をたたいた生地にかぶせる。

※こね上げ温度26～28℃

こねる（12～13分） → バターとショートニングを包みこんで生地を練る → こねる（約12分） → 発酵（28～30℃で約60分） → 次のページへ

12～13分間こねた状態

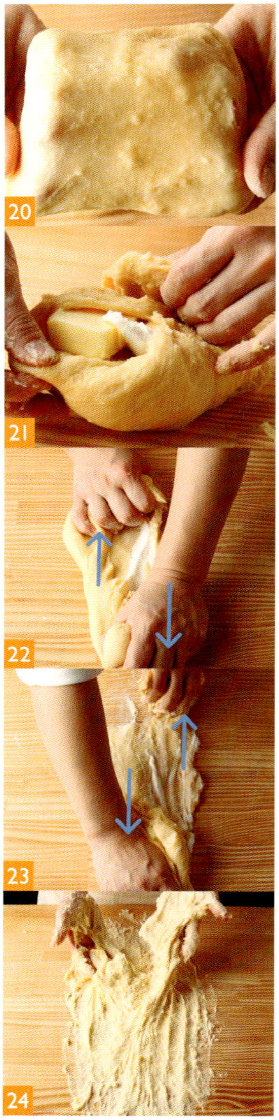

12分間こねた状態

⑯～⑱常に生地の角度を変えながら⑬～⑮の要領でたたきながらこねるという動作を12～13分繰り返す。⑲12～13分ほどこね続けると、だいぶ生地がまとまってくる。

⑳生地の一部を切り取り、グルテン膜のチェックをする。写真のような膜が張っていたらベスト。㉑生地を平たくして、バターとショートニングをのせ、四方の生地で包みこむ。㉒～㉔生地をつかんで上下に動かしながら、台の上でかたさが同じになるまで練る。

㉕全体が混ざったら、カードで生地をかき集める。手についた生地も取る。㉖～㉙⑬～⑮の要領で、たたいてかぶせる工程を約12分繰り返す。やわらかい生地なのではじめのうちはかなりベタつくが、絶対に打ち粉はせず、根気よくこねること。

㉚～㉛12分ほどこねていくと、台に生地が貼りつかなくなる。㉜生地の一部を切り取り、グルテン膜のチェックをする。㉝膜が張っていたら、油脂類をぬったボウルに入れ、乾燥しないよう28～30℃の場所で約60分発酵させる。

Sweet roll

フランボワーズ

材料（底の直径約8cmの紙ケースで８個分）

基本生地（P130～131参照）
打ち粉、溶き卵…各適量

フランボワーズクリームの材料

クリームチーズ（室温）…150g
砂糖…50g
溶き卵…25g
カスタードパウダー…10g
バター（室温）…50g
フランボワーズジャム…50g
冷凍フランボワーズ…50g
冷凍フランボワーズ（トッピング用）…８粒
打ち粉、溶き卵（仕上げ用）、粉砂糖…各適量

すべての所要時間
3時間30分

難易度
★★★

P130～131の基本の生地を作る

1

フランボワーズクリームを作る

2

3

4

5

6

7

8

9

10

11

発酵後

12

13

❶P130～131の基本の生地を作る。発酵の間にフランボワーズクリームを作る。❷ボウルにクリームチーズを入れ、泡立て器でやわらかくする。❸②のボウルに砂糖を入れ、泡立て器で混ぜる。❹～❺③のボウルに溶き卵を3～4回に分けて入れ、混ぜる。

❻⑤にカスタードパウダーを入れて混ぜる。❼別のボウルでバターを混ぜてやわらかくしたら、⑥のクリームを少し加えてバターとなじませる。❽⑦のバターを⑥のボウルへ移して混ぜる。❾フランボワーズジャムを入れて混ぜる。

❿～⓫⑨のボウルに冷凍フランボワーズを入れ、ゴムべらでよく混ぜる。⓬生地が発酵したら、打ち粉をした台に取り出す。⓭生地を平たくしてから、とじ目が中になるように軽く巻く。

ベンチタイム（約15分） → **成形** → **ホイロ**（約35℃で約50分） → **焼く**（約210℃で約12分）

⑭〜⑮生地の角度を90度変えてさらに巻き、四角くする。ビニールをかけて約15分ベンチタイムをとる。⑯ベンチタイム後の状態。⑰台に打ち粉をし、生地のとじ目を上にして置き、手で四角く整える。⑱めん棒で生地を30㎝四方になるまでのばす。

⑲手前の端2㎝分はとじしろになるのでやや薄くめん棒をかける。⑳フランボワーズクリームを中心にのせ、四方にカードで広げながら生地にぬる。㉑とじしろの部分にはぬらない。㉒〜㉓ひと巻きして芯を作り、とじしろまでゆっくりと巻いていく。

㉔〜㉕最後のとじ目をしっかり指でつまむ。㉖包丁で生地を8等分する。勢いよくスパっと切ること。㉗天板にケースを並べ、生地を入れる。ケースと同じくらいの高さに生地を広げて整える。㉘約35℃の場所で約50分ホイロをとる。

ホイロ後

㉙〜㉚ホイロ後の生地に溶き卵をぬる。㉛トッピング用の冷凍フランボワーズを中央にトッピングしてしっかり押しこむ。㉜冷凍フランボワーズの上にだけ茶こしで粉砂糖をふる。約210℃のオーブンで約12分焼く。

Sweet roll

キャラメルバナナ

材料（底の直径約8cmの紙ケースで8個分）

基本生地（P130～131参照）
打ち粉、溶き卵…各適量

アーモンドクリームの材料

バター（室温）…25g
砂糖…25g
溶き卵…25g
アーモンドパウダー…25g

バナナのキャラメルの材料

バナナ…2本
バター（室温）…50g
砂糖…80g

すべての所要時間
3時間30分

難易度
★★★

P130～131の基本の生地を作る ＞ 基本の生地発酵の間にアーモンドクリームを作る

1

アーモンドクリームを作る

2

3

4

⑪P130～131の基本の生地を作る。発酵の間にアーモンドクリームを作る。❷ボウルに室温で戻したバターを入れ、泡立て器で混ぜる。❸～❹②のボウルに砂糖を加えて混ぜる。

5

6

7

8

9

❺～❼④のボウルに溶き卵を3～4回に分けて少しずつ入れ、よく混ぜる。一度に全部入れると分離してしまう。❽アーモンドパウダーを入れて混ぜる。❾写真のようなかたさになったら完成。

バナナをキャラメリゼする

10

11

12

13

⑩バナナを1cm幅に切る。⑪～⑫フライパンを熱し砂糖を2～3回に分けて入れる。⑬キャラメル色になったらバターを入れて混ぜる。

Point! 砂糖は一度に全部入れないこと

一度に入れると時間がかかるので少しずつ焦がしていく。

バナナをキャラメリゼする → ベンチタイム（約15分） → 成形 → ホイロ（約35℃で約50分） → 焼く（約210℃で10～12分）

⑭⑬のフライパンにバナナを入れてからめる。⑮バットに上げ、粗熱を取る。⑯飾り用のバナナを8切れ取り出す。⑰発酵後の生地はP132⑬～P133⑮を参考に四角にする。ビニールをかけて約15分ベンチタイムをとる。⑱打ち粉をした台に生地を移す。

⑲P133⑰～⑲と同様に生地を30㎝四方にめん棒でのばす。⑳とじしろ以外にアーモンドクリームをぬる。㉑～㉒⑮のバナナとキャラメル部分を一列ずつ並べる。㉓上部の生地をひと巻きして芯を作る。

㉔ゆっくりと巻いていく。㉕とじしろの生地を巻いた生地にかぶせるようにし、合わせ目を指でつまんでしっかりととじる。㉖～㉗生地を包丁で8等分する。㉘天板にケースを並べ、生地を入れる。ケースの高さと同じくらいに生地を整える。

㉙約35℃の場所で約50分ホイロをとる。

ホイロ後

㉚～㉛生地の表面に溶き卵をぬる。㉜トッピング用のバナナを真ん中にのせ、押しこむ。約210℃のオーブンで10～12分焼く。

Sweet roll

ナッツロール

材料（底の直径約8cmの紙ケースで8個分）

基本生地（P130〜131参照）
クルミ…50g
打ち粉、溶き卵（仕上げ用）、ヘーゼルナッツ、アーモンドダイス、あられ糖…各適量

アーモンドクリームの材料

バター（室温）…30g
ピーナッツバター（チャンク）…25g
アーモンドパウダー、砂糖、溶き卵…各30g

すべての所要時間
3時間30分

難易度
★★★

P130〜131の基本の生地を作る → 基本の生地発酵の間にアーモンドクリームを作る → クルミをローストする

アーモンドクリームを作る

❶P130〜131の基本の生地を作る。発酵の間にアーモンドクリームを作る。❷〜❸ボウルにやわらかいバターを入れ、泡立て器で混ぜる。さらにピーナッツバターを加えてよく混ぜる。❹〜❺③のボウルに砂糖を入れてよく混ぜる。

❻〜❾⑤のボウルに溶き卵を少し加えて混ぜる。少し混ぜたら、また加えるといったように、溶き卵を3〜4回に分けて、分離しないよう混ぜる。

❿〜⓬アーモンドパウダーを加え、混ぜる。⓭写真のような状態まで混ぜたら完了。⓮オーブンペーパーを敷いた天板の上にクルミを置き、180℃のオーブンで7分ローストする。

ベンチタイム（約15分） → 成形 → ホイロ（約35℃で約50分） → 焼く（約210℃で10〜12分）

⑮クルミは手で砕いて細かくする。⑯発酵後の生地はP132⑬〜P133⑮を参考にして四角にする。約15分ベンチタイムをとる。⑰打ち粉をした台にとじ目を上にして生地を移す。⑱30㎝四方にめん棒でのばす。⑲カードでアーモンドクリームを全面にぬる。

⑳⑮のクルミを全面に散らす。㉑〜㉒手前と奥の生地の端を片方ずつ巻く。㉓〜㉔生地の中央で巻き終わる。横から見るとメガネのような形になる。

㉕生地をゆっくり裏返す。㉖包丁で生地を8等分する。㉗天板にケースを置き、切り分けた生地を入れる。㉘生地の高さがケースの高さと同じになるように指で広げる。㉙約35℃の場所で約50分ホイロをとる。

ホイロ後

㉚〜㉛ホイロ後の生地に溶き卵をぬる。㉜ヘーゼルナッツを包丁で粗く刻む。㉝㉜のヘーゼルナッツとアーモンドダイス、あられ糖を生地にトッピングしたら、約210℃のオーブンで10〜12分焼く。

About a Bread

パンのはなし＋1

絵本に登場するパン

見て、読んでおいしい、パンの世界へいざないます

ロシア おだんごぱん

あらすじ

ヨーロッパの有名な民話。窯から飛び出したおだんごぱんが、自分を食べようとする動物から、歌を歌いながらうまく逃れていくのだが …。最後にはキツネにだまされて食べられてしまう。

どんなパン

団子のように小さく、コロコロと転がるくらい丸いシンプルなパン。

ドイツ パンを踏んだ女の子

あらすじ

美しく傲慢な少女が、持っていたパンを踏み台にして水たまりを渡った。その瞬間、水たまりの底の地獄に吸い込まれてしまう。「食べ物を粗末にしない」という教訓が込められている。

どんなパン

当時のデンマークで食べられていたパンを考えると白パンの可能性が高い。

スウェーデン 名探偵カッレくん

あらすじ

カッレ少年とその友達が繰り広げる、ノスタルジックな冒険物語。作中に登場するパンや料理が魅力的。本書のほか多数のシリーズがある。

どんなパン

デニッシュペストリーのような「甘パン」や、塩気のある「味パン」などが登場。

日本 からすのパンやさん

あらすじ

森に住むからすのパン店一家にあるときいくつかの失敗が重なり、廃業の危機が訪れる。しかし、4羽の子どもたちが考えたたくさんの個性的なパンが人気を呼び、やがて店は大繁盛する。

どんなパン

だるまパンやヘリコプターパンなど、約70種以上のパンが登場する。

思わず食べてみたくなる魅力的なパン

絵本や童話のなかには、思わず食べてみたくなるパンが数々登場します。たとえば、「アルプスの少女ハイジ」に出てくる白パン。小麦粉と塩、イースト、水といった材料こそシンプルですが、素朴であたたかなイメージの白パンに食欲をそそられた人も少なくはないでしょう。また、溶かしたチーズをのせた黒パンも登場します。ここでいう黒パンとは、ドイツの黒パンに似た、ライ麦の配合が多いパンだと想像できます。

ストーリーの中にパンが登場する絵本や童話のほか、「アンパンマン」のようにパン自体が主人公になって、冒険をしたり、困った人を助けたりする話もあります。

絵本や童話をはじめ、これほどまでパンが多く登場するということは、パンに対して「素朴で温か」なイメージを万人が共通してもっているからなのでしょう。

第4章

一度は挑戦してみたいパン

COLUMN

シンプルだからこそ難しいハード系パン

材料が少ないからといって簡単なパンということではありません

材料が単純だからこそ作り方ひとつで味が変わる

ほぼ基本材料だけで作るハード系のパンは、副材料に頼らないぶん、こね具合や発酵加減、焼き方など少しの条件の違いで味が変わるデリケートなパンです。そのため、ハード系パンを作るときは、こね具合や発酵状態を逐一確認しながら行うことが成功への近道となります。

多くのハード系のパンは、外側は香ばしくカリッと、内側（クラム）はランダムな気泡があり、しっとりとしていなければいけません。そのためには、グルテン膜をたびたびチェックしてこねすぎないようにします。丸めや成形などでは生地をやさしく扱い、生地中のガスをなるべくつぶさないようにするのも大切です。また、生地が乾燥しやすいので、発酵やホイロ、成形のときは注意します。焼く前に霧吹きで水をかけるのも忘れずに行いましょう。

ソフト系のパン

こね方とこね時間

ふっくらしっとりと仕上げるためには、薄いグルテン膜が張るまでよくこねる。グルテン膜をチェックしてみて、向こうが透けるくらいの薄さで、穴のあかない状態がベスト。

仕上がりのグルテン膜

発酵

目の細かい中身（クラム）にするために、発酵はじっくりと。発酵の速度を早めるためにイーストの分量を増やさないこと。

バターの香りが濃厚なやわらかい食事パン。

焼き方

副材料が入ると色づきがよくなるので、あまり長時間は焼かない。外側はほどよく茶色に色づき、内側はしっとりとした仕上がり。

内側はきめ細やかな肌のようにしっとりしている。

ハード系のパン

こね方とこね時間

よくこねると目が細かくなってしまうので、長時間こねないようにする。グルテン膜チェックのときは、粗い膜がベスト。小さな穴があいていても問題ない。

仕上がりのグルテン膜

発酵

生地内に糖分が少ないぶん、イーストは粉のデンプン質をエサに発酵する。そのため、発酵がゆっくりで時間がかかる。

不規則な気泡がハード系パンの身上。

焼き方

外側をパリッとさせるため、オーブンの設定温度をやや高めにして焼き上げる。色づきがよすぎる場合は温度を下げる。

焼く前には霧吹きでたっぷりと水を吹きかける。

Pain traditionnel

フランスパン

ゆっくり発酵させ、粉の風味を生かして作ります

Point

シンプルだが
もっとも作るのが難しいパン

グルテン膜の様子を
こまめに確認する

前日工程　※こね上げ温度24～26℃　当日工程

ポーリッシュ種の材料を混ぜる → 発酵（冷蔵庫で4～18時間） → ビタミンC溶液を作る

Pain traditionnel

フランスパン

材料（3本分）

ポーリッシュ種の材料

フランスパン専用粉（リスドオル）…75g
塩…0.5g
インスタントドライイースト…0.3g
水…75g

本ごねの材料

フランスパン専用粉（リスドオル）…175g
塩…4.5g
インスタントドライイースト…1.5g
モルトシロップ…1g
水…90g
ビタミンC溶液（L-アスコルビン酸1gと水100mℓを混ぜたもの）…ティースプーン1/10杯
ポーリッシュ種…上記より全量
打ち粉、油脂類（ボウルにぬる用）…各適量

所要時間
前日 10分
当日 3時間30分

難易度 ★★★

※ポーリッシュ種の発酵時間は夏場なら当日に作って4時間～、冬場なら前日に作って～18時間と差が出ます。

1

2

3

4

5

①～⑤ポーリッシュ種を作る。ボウルにポーリッシュ種の材料をすべて入れ、木じゃくしで混ぜる。

Point! インスタントドライイーストの計り方

はかりでは1g以下ははかれないので、1gを目分量で3等分します。

6

7

8

9

10

⑥～⑦写真のように、少しゆるい生地になったら完了。⑧～⑩ボウルの周りの生地をカードできれいに取り、ラップをかけて冷蔵庫で4～18時間発酵させる。

ポーリッシュ種 発酵後

11

12

13

14

⑪発酵したポーリッシュ種は2倍にふくらんでいる。⑫～⑬ボウルにモルトシロップと水を入れ、ビタミンC溶液をティースプーン1/10杯分加えたら、指で溶き混ぜる。⑭別のボウルに、フランスパン専用粉、インスタントドライイースト、塩を合わせる。

本ごねの材料を混ぜる

15

16

17

18

19

⑮⑭のボウルに⑬を加える。⑯さらにポーリッシュ種を全量入れる。⑰～⑱指先で円を描きながら、ボウルの中で材料をよく混ぜる。⑲ひとかたまりになったら台に出す。

台の上で練る

20

21

22

23

24

⑳～㉑手やボウルについた生地もカードできれいに取る。㉒～㉔生地を手でつかんで、上下に動かしながら台の上で練る。はじめのうちはかたくて切れることもあるが、だんだんとまとまってくる。

たたいてこねる
（約2分）

25

26

27

28

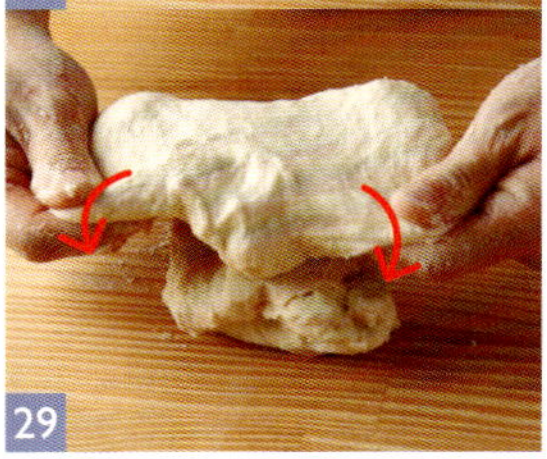
29

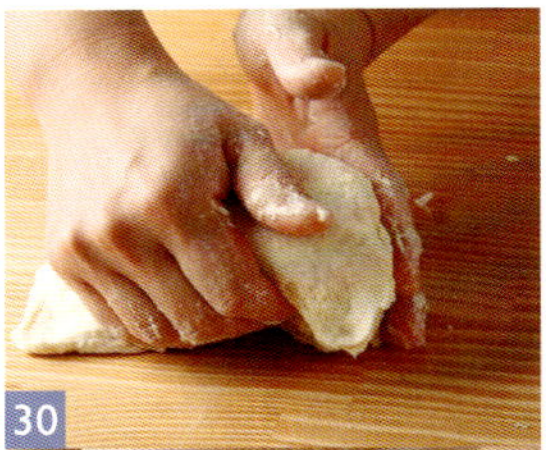
30

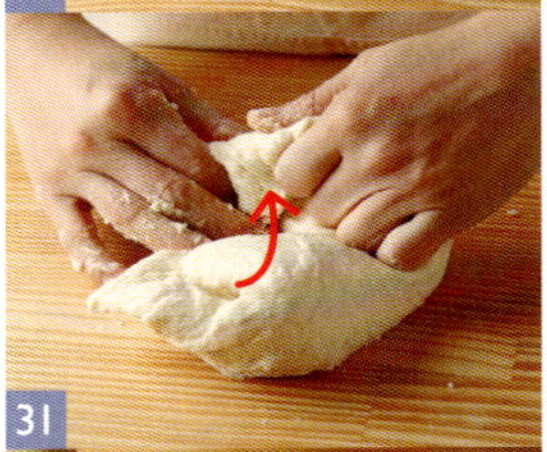
31

32

㉕～㉗1～2分ほど練ったら、カードでかき集める。手についた生地も取る。㉘生地の底から指先で持ち上げ、生地の下端を台にたたきつける。㉙つかんだ生地をたたいた生地にかぶせる。㉚～㉜常に生地の向きを変えながら㉘～㉙の動作を約2分繰り返す。

次のページへ

Point! **フランスパン作りはこねが重要！**

シンプルなレシピだからこそ難しい

フランスパンはシンプルなだけに、こね時間や粉の風味などでおいしさが決まります。こねるときは生地の状況をこまめに見ることがポイントです。

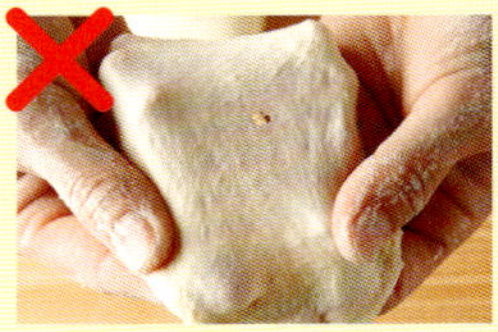
まだこね上がりではないグルテン膜

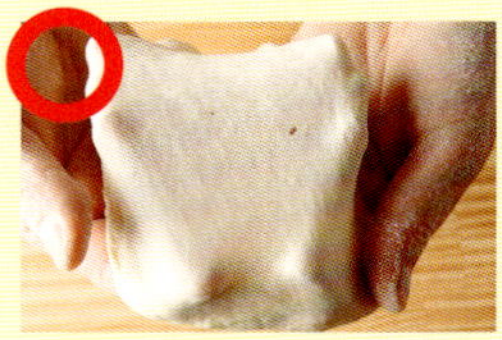
まだらな部分が少ない均等な膜

押してこねる
（約5分、こね上げ温度26～28℃）

発酵
（28～30℃で約60分）

分割

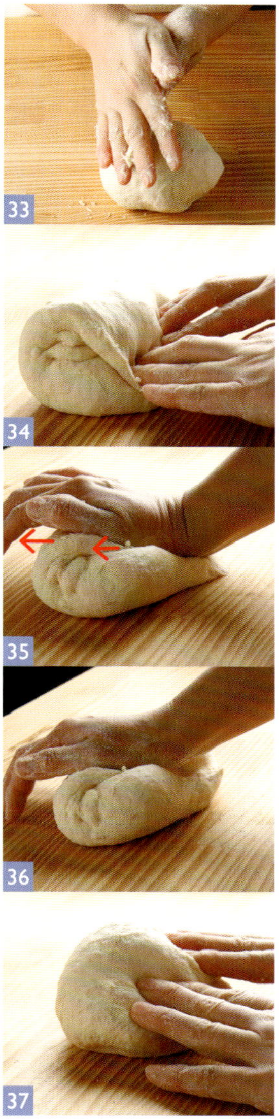

㉝手についた生地をこすってまとめる。㉞生地を手前に半分に折る。㉟～㊱合わせ目を手のひらで押し出すようにしてこねる。㊲合わせ目が上を向いたら生地の向きを90度変える。

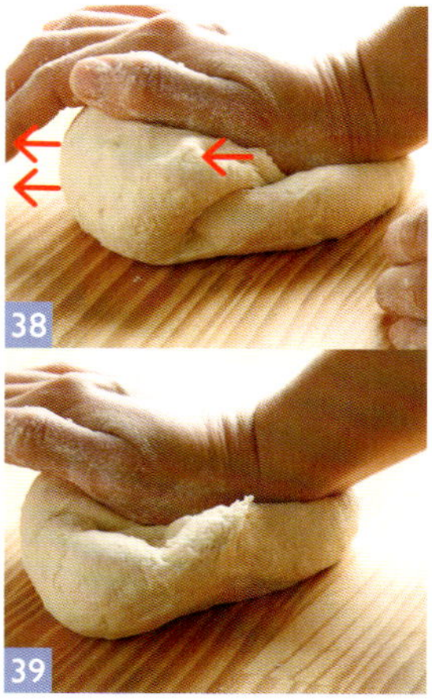

5分間こねた状態

㊳～㊴㉞～㊲の要領で、約3分押し出してこねる。㊵ここまでで5分こねた生地の表面は、ややつるんとしてくる。ここでグルテン膜のチェックをする。㊶写真のような膜が張っていたら、こね上がりまであと2～3分。引き続き2～3分こねる。

7分間こねた状態

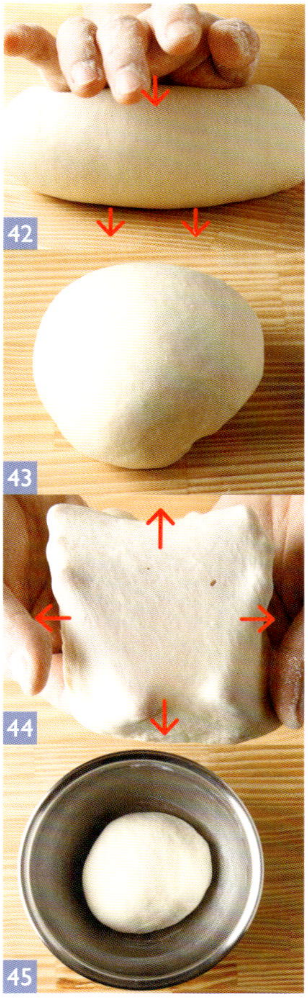

㊷～㊹こねはじめてから7分後にグルテン膜のチェックをする。写真のような膜が張っていたら生地を戻してまとめる。㊺油脂類をぬったボウルに生地を入れ、乾燥しないよう28～30℃の場所で約60分発酵させる。

発酵後

㊻～㊼打ち粉をした台に発酵後の生地を取り出す。㊽～㊾カードで生地を3等分する。1個が約140gになっていればよい。

焼く（約230℃で20～25分） ＜ ホイロ（約32℃で約60分） ＜ 成形 ＜ ベンチタイム（約20分） ＜ 丸め

ホイロ後

50～53それぞれの生地を軽い力で巻く。さらに90度向きを変えて四角にする。54ビニールをかけて約20分ベンチタイムを取る。

55～56ベンチタイム後の生地を手のひらで軽く押さえる。57～58生地の上1/3を少し深めに折り、向きを変えてさらに上1/3を折る。59生地の合わせ目を手のひらで押さえる。

60～61 59の生地を手前に半分に折り、合わせ目を手のひらでしっかりとじる。62生地の両端を転がして棒状にする。63天板の上に厚手の布を敷き、山を作ってその間に成形した生地を置く。64約32℃の場所で約60分ホイロをとる。

65～66天板はオーブンに入れ予熱する。ホイロ後の生地はつぶれやすいので、板にのせてオーブンペーパーの上に静かに移す。67クープを2本入れる。68熱い天板にオーブンペーパーごと生地を移す。霧吹きをして約230℃のオーブンで20～25分焼く。

Arrange

ベーコンエピ チーズフランス

それぞれに異なる食感を楽しんで

チーズフランス

材料（1個分）

P142の材料
プロセスチーズ…30g

ベーコンエピ

材料（2本分）

P142の材料
ベーコン…2枚
※P142の材料でベーコンエピ2本、チーズフランス1個を作ります。

チーズフランス	ベーコンエピ
所要時間 前日 10分 / 当日 3時間30分	所要時間 前日 10分 / 当日 3時間30分
難易度 ★★★	難易度 ★★★

ベーコンエピの工程の流れ

●前日　ポーリッシュ種の材料を混ぜる→発酵（冷蔵庫で4～18時間）

●当日　ビタミンC溶液を作る→本ごねの材料を混ぜる→たたいてこねる（約2分）→押してこねる（約5分）→発酵（28～30℃で約60分）→分割→丸め→ベンチタイム（約20分）→成形→ホイロ（約32℃で約60分）→焼く（約230℃で20～25分）

❶P142①～P145(54)までを参考に、生地を作る。ベーコンエピ2本、チーズフランス1個を作る。❷ベーコンエピを成形する。打ち粉をした台に発酵後の生地を移して平らにする。❸～❺生地の上にベーコン1枚を置き、生地の1/3を折る。折り目は軽くつぶす。

❻残りの生地1/3も折り、同じく折り目を手のひらでつぶす。❼～❽さらに手前に半分に折り、合わせ目を手のひらで押さえてしっかりとじる。❾～❿生地の両端を台の上で転がして棒状にする。

チーズフランスの工程の流れ

●**前日**　**ポーリッシュ種の材料を混ぜる→発酵**（冷蔵庫で4～18時間）

●**当日**　**ビタミンC溶液を作る→本ごねの材料を混ぜる→たたいてこねる**（約2分）**→押してこねる**（約5分）**→発酵**（28～30℃で約60分）**→分割→丸め→ベンチタイム**（約20分）**→成形→ホイロ**（約32℃で約60分）**→焼く**（約230℃で20～25分）

⑪厚手の布で山を作り、その間に生地を置く。⑫～⑬チーズフランスを成形する。ベンチタイム後の生地を手のひらでつぶし、上に1㎝角に切ったプロセスチーズを置く。⑭～⑮奥の生地を手前に巻く。

⑯～⑱生地の角度を90度変えてさらに巻く。⑲～⑳裏返して合わせ目を指でつまんでとじる。

㉑⑪の布の上に置き、約32℃で約60分ホイロをとる。㉒～㉓オーブンペーパーを敷いた台の上に、ゆっくりと生地を移す。天板をオーブンに入れて予熱する。㉔チーズフランスは、格子状にクープナイフで切りこみを入れる。

㉕ベーコンエピに、ハサミで等間隔に5か所印をつける。㉖～㉗印が三角形の頂点になるように切りこみを入れながら、生地を左右に分ける。㉘～㉙熱い天板にオーブンペーパーごと移す。㉚霧吹きで水を吹きかけて約230℃のオーブンで20～25分焼く。

About a Bread

パンのはなし＋①

ハード系パンの真髄！ フランスパン解剖学

フランスパンはなぜ「もっとも難しい」といわれるのでしょう

フランスパンの種類

パン・トラディショネル

①バゲット
生地量は350gで長さは68cmの棒状のパンを指す。

②フルート
生地量は450g、長さは60cmのもの。楽器のフルートの意味。

③バタール
生地量は350g、長さは40cm。「中間」という意味。

パン・ファンテジー

①シャンピニオン
マッシュルーム型。下生地100g、上生地10gの構成になっている。

②タバティエール
たばこ入れという意味。生地量は100g。

③クーペ
中央に縦1本クープを入れたフットボール型。生地量は100g。

おいしいフランスパンとは？

クラム（内側）
粗い気泡がランダムに入っていて、食感はもっちりとしている。

香り
カラメルを焦がしたような香ばしい香りがする。

クラスト（外側）
噛むと、パリッと音がするような歯ごたえがある。

色・その他
こんがりと茶色く色づいている。たたくと軽やかな音が響くなど、ポイントはまだまだある。

自分で作ったパンをチェックしましょう
中身の目が細かいのは、こねすぎの証拠。焼き色が薄く、中が半焼けになっている場合は、きちんと予熱をすることと、設定温度をやや高めにしてみること。

日本にフランスパンが入ってきたのはいつ？

フランス帰りのパン店が作ったのがはじまり

日本初のフランスパンを作った人は、1924年（大正13年）、京都のパン店、進々堂創業者の続木斉氏といわれている。フランスにパンの勉強のため旅立った彼は、現地でフランスパンの味に魅せられ、帰国後ドイツからオーブンを、アメリカからイーストを取り寄せ、フランスパンを作った。

小麦粉の性質がフランスパンの味を決める

フランスパンとは「ヨーロッパ風堅焼きパン」の総称で、日本独自の呼び方です。フランスでは、棒形のものをパン・トラディショネル、それ以外の形をパン・ファンテジーと呼び分けています。

パン・トラディショネルもパン・ファンテジーも、材料のほとんどが基本材料なので、小麦粉の性質がそのまま味に反映されます。それゆえに、店ではパン・トラディショネルを作るために、小麦粉やイースト、水などを厳選する所もあります。

自宅で作る場合、さらに難易度が高くなります。フランスパンを作るときは、①こね時間を短くしてグルテン膜を粗く張らせる②発酵でじっくり時間をかける③水をたっぷり吹きかけ、高温で焼く、最低でもこの3つのポイントを守るようにしながら、失敗を恐れずチャレンジしてみましょう。

Brioche

ブリオッシュ

バターと卵を最も多く使ったリッチな味

Point

生地の温度が
高くなりすぎないように注意

ホイロの温度も高すぎると
風味が落ちる

材料を混ぜる → 台の上で練る

Brioche

ブリオッシュ

材料（14個分）

フランスパン専用粉（フランス）…250g
砂糖…30g
塩…5g
バター（冷蔵庫で冷やす）…125g
卵…125g
生イースト…10g（インスタントドライイーストの場合は5g）
牛乳（冷蔵庫で冷やす）…63g
溶き卵（仕上げ用）…適量
打ち粉、油脂類（ボウルにぬる用）、バター（型にぬる用）…各適量

使用した型

ブリオッシュ型

所要時間
前日 2時間
当日 2時間

難易度 ★★★

❶ボウルにフランスパン専用粉、砂糖、塩を合わせる。❷〜❸別のボウルに、冷たい牛乳と生イーストを泡立て器で混ぜ、卵を加えてさらに混ぜる。❹①のボウルに③を合わせる。❺指先で円を描くようにボウルの中で混ぜる。

❻ひとかたまりになったら台に移す。❼手やボウルについた生地もきれいに取る。❽〜❾両手でつかんで、上下に動かしながら台の上で練る。❿〜⓫固さが同じになったら、カードでひとまとめにする。手やボウルについた生地もきれいに取る。

⓬生地の底から指先で持ち上げる。⓭生地の下端を台にたたきつける。⓮つかんだ生地をたたいた生地にかぶせる。⓯常に生地の角度を変えて持ち上げ、⑫〜⑭の要領でこねる。これを25分間繰り返す。やわらかい生地だが、打ち粉はせずに根気よくこねる。

こねる（約25分） → **バターを包んで練る** → **こねる**（約10分、こね上げ温度23～25℃）

次のページへ

25分間こねた状態

⑯～⑱こねてから25分ほど経った生地は、台に貼りつかなくなるほどまとまる。途中で手についた生地をカードで取りながらこねる。⑲生地の一部を切り取り、グルテン膜のチェックをする。写真のような膜が張っていたら、生地をまとめる。

⑳生地を平らにして、冷やしたバターをのせる。バターを四方の生地で包みこむ。㉑上下に引きちぎりながら台の上で練る。㉒～㉓同じくらいの固さになったら、ひとまとめにする。手についた生地も取る。㉔生地の底から指先を差しこんで持ち上げる。

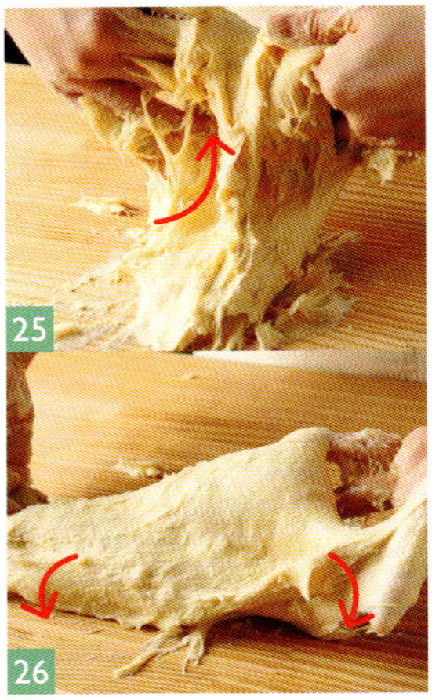

㉕生地の下端を台にたたきつける。㉖～㉙つかんだ生地をたたいた生地にかぶせる。常に生地の角度を90度変えて持ち上げ、⑫～⑭の要領で約10分こねる。

NG! こね上がりの温度に注意！

生地の温度が上がりすぎないように

生地とバターの温度が高いと生地がうまくつながりません。バターを入れる前の生地の温度は21℃前後を目安にします。23℃より温度が高い場合は、冷蔵庫で約15分冷やしてからこねましょう。

バターが溶けてしまった例

10分間こねた状態

㉚グルテン膜のチェックをして薄い膜が張っていたらひとまとめにする。

Point! 膜チェックはしっかりと

ブリオッシュ生地の膜は、薄い繊細な膜がベスト。破れたり粗い膜だったりする場合はさらにこねること。

前日工程

発酵（約28℃で約90分） → パンチ → 冷蔵発酵（冷蔵庫で15～20時間）

当日工程

分割&丸め → ベンチタイム（約20分）

㉛油脂類をぬったボウルに入れ、乾燥させないよう約28℃の場所で約90分発酵させる。㉜～㉝発酵後の生地をバットに移し、手のひらで軽く平らにする。㉞バットごとビニール袋に入れ、冷蔵庫で15～20時間冷やす。

㉟～㊱打ち粉をした台に、ひと晩冷やした生地を取り出す。㊲～㊳生地を横半分に折り、長方形に整える。㊴生地をカードで二股に切り、40gずつに分割する。全部で14個分とれる。

㊵40gに満たない生地は等分して分割後の生地に合わせる。㊶～㊸手のひらに生地をのせ、もう片方の手で生地を包み、反時計回りに回しながら丸める。バターが溶けてしまうのですばやく丸めること。㊹㊶～㊸の要領ですべての生地を丸める。

㊺丸めて台の上に並べた生地を手のひらで軽くつぶす。㊻～㊼ビニールをかけて、約20分ベンチタイムをとる。㊽ブリオッシュ型にバターをぬる。㊾～51ベンチタイム後の生地を、㊶～㊸の要領で軽く丸め直す。生地の裏はつまんでとじる。

Q & A

Q1 成形がうまくいかない場合は?

A1 ひょうたん型にして行う成形が難しい場合は、小さい生地と大きい生地を分割して、型の中で一緒にくっつける方法なら簡単です。

簡単な成形のしかた

1
生地の右 1/4 を転がして分ける。

2
大きい生地を型に入れ、上部に穴をあけておく。

3
大きい生地の上にあけた穴に、小さい生地を押しこむ。

4
小さい生地と大きい生地の境目を指で押して固定する。

成形 → ホイロ(約32℃で約60分) → 焼く(約220℃で約12分)

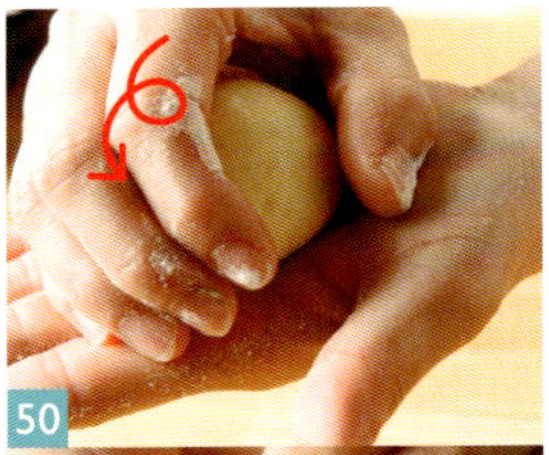
50

51

52

53

54

52～53打ち粉をした台に丸めた生地を置き、生地の右1/4を小指の側面で転がしてくびれを作る。54ひょうたんのような形になる。

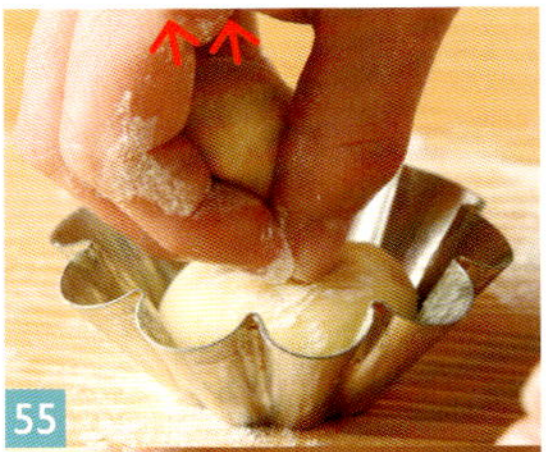
55

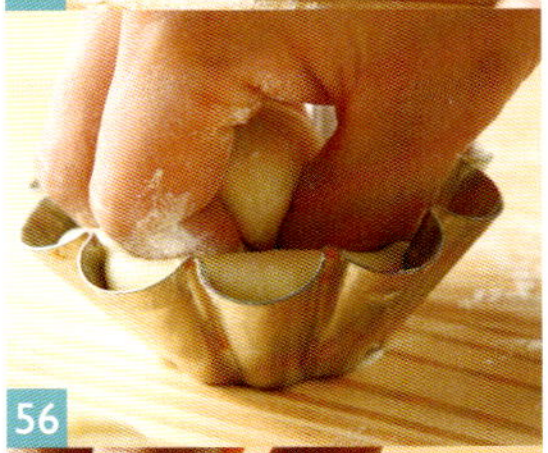
56

57

58

59

55写真のようにくびれを持って、型に大きい生地を入れる。56小さい生地を持ちながら、大きい生地を型に押しこむ。57小さい生地のくびれを少し引っ張りながら型を回転させて、指で押す部分を変えていく。58～59小さい生地を大きな生地の中に埋めこむ。

60

ホイロ後

61

62

63

60天板に型を並べ、約32℃の場所で約60分ホイロをとる。61～62型を手に持ちながら、生地の表面に溶き卵をぬる。63約220℃のオーブンで約12分焼く。1枚の天板では一度に焼けないので、2回に分けて焼く。

ブリオッシュ・ムースリーヌの工程の流れ

●前日　材料を混ぜる→こねる（約25分）→バターを入れる→こねる（約10分）→発酵（約28℃で約90分）→パンチ→冷蔵発酵（冷蔵庫で15～20時間）

●当日　分割→丸め→ベンチタイム（約20分）→成形→ホイロ（約32℃で約90分）→焼く（約190℃で約40分）

❶P150①～P152㊱を参考に生地を作る。生地を横半分に折り、長方形に整える。❷200gに分割する。全部で3個分とれる。❸生地を平らにして片側から巻く。❹～❺生地の角度を変えてさらに片側から巻き、丸く整える。

❻～❼丸く整えた生地を軽く平らにしてから、ビニールをかけてベンチタイムをとる。❽缶の円周の長さより5cmほど長めにオーブンペーパーを切る。❾缶の内側にバターをぬる。❿オーブンペーパーを缶の内側に巻く。

Arrange

ブリオッシュ・ムースリーヌ ボストック

輪切りにして楽しむブリオッシュ

ブリオッシュ・ムースリーヌ

材料（直径10cm、高さ12cmの缶を型として使用）

P150の生地

打ち粉、油脂類（ボウルにぬる用）、バター（型にぬる用）…各適量

ボストック

材料（6切れ分）

ムースリーヌ

アーモンドクリーム（P174参照）

アーモンドスライス、粉砂糖、シロップ（水200gと砂糖100gを混ぜて沸騰させたもの）…各適量

所要時間

前日 2時間

当日 2時間

難易度 ★★★

ボストックの工程の流れ

焼き上がったムースリーヌをスライスする→シロップに浸す→片面を焼く（約220℃で約5分）**→アーモンドクリームを塗る→アーモンドスライスをトッピングする→粉砂糖を振る→焼く**（約220℃で7～15分）

❻～❼P174①～⑩を参考にアーモンドクリームを作る。⑤で焼いていない面にぬる。❽アーモンドスライスをトッピングする。❾茶こしを使って粉砂糖を振りかける。❿約220℃のオーブンで7～15分焼く。

❶～❷ムースリーヌを1.5㎝幅に切る。❸焼きたてを使う場合は、オーブンで表面を乾燥させてから使う。❹シロップを作り、生地の両面を軽く浸す。❺オーブンペーパーを敷いた天板にのせ約220℃のオーブンで約5分、片面だけ焼く。

ホイロ後

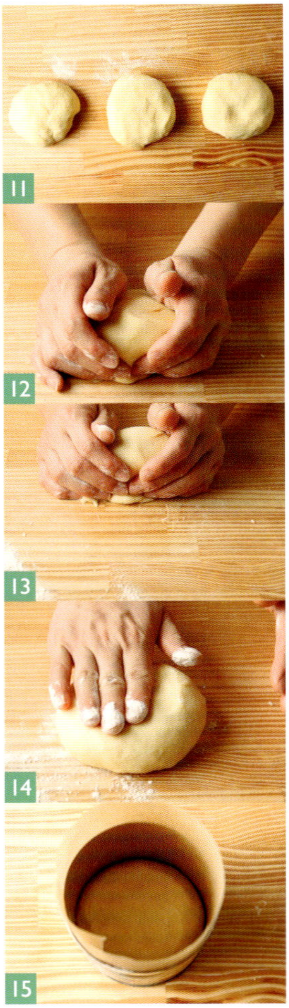

⓰天板の上に型を置き、約32℃の場所で約90分ホイロをとる。⓱～⓲ハサミを立てて持ち、ホイロ後の生地の表面に十字の切り込みを入れる。⓳約190℃のオーブンで約40分焼く。

⓫台に打ち粉をして、ベンチタイム後の生地を移す。⓬～⓭奥から手前に生地を引き寄せるようにして丸める。角度を変えて、再度生地を引き寄せて丸める。これを2～3回繰り返す。⓮～⓯生地を手で軽く平らにしてから型の中に入れる。

About a Bread

パンのはなし＋1

ぜいたくなパン、ブリオッシュを全解剖する！

もっとおいしく楽しむためのブリオッシュ学

ブリオッシュのバリエーション

1 ブリオッシュ・ア・テット
外側の香ばしく焼けた部分と、型に入ってしっとりした部分とのふたつの食感が楽しめる。

2 ブリオッシュ・オ・ザマンド
ブリオッシュ生地に、マカロン生地をぬって焼いたもの。お菓子のように濃厚な甘さが特徴。

3 ブリオッシュ・ナンテール
丸めた生地を平たくて小さな型に並べて焼き上げる。つなぎ目を手で割って簡単に食べられる。

4 ブリオッシュ・ムースリーヌ
円筒型に生地を入れて焼く。ムースリーヌとはフランス語でモスリン（ウール100%の織物のこと。メリンスともいう）。食感が繊細なことからきた。

5 ボストック
フランスのパン店が余ったブリオッシュをアレンジして売り出したのがはじまり。

マリー・アントワネットとブリオッシュ

お菓子はブリオッシュのことだった

「パンがなければお菓子を食べればいいのに」…。マリー・アントワネットがフランス革命のさなか、貧困に苦しむ庶民に向かって発言したとされる有名な言葉だ。ここのお菓子が、実はブリオッシュを指しているということはご存じだろうか。ブリオッシュは当時、パンというよりもお菓子に近い感覚で、上流階級しか食べられない代物だったという。

ブリオッシュを使ったお菓子もある！

サバランは、ブリオッシュ生地に、キルシュ風味のリキュールなどをかけたり、生クリームなどでデコレーションしたりと、とても濃厚な菓子である。

フランスの伝統パン ブリオッシュの素顔とは

ひとことでブリオッシュといっても、さまざまな形があります。まず代表的なのが、だるまのような形のブリオッシュ・ア・テットです。この形は、キリスト教の僧侶をイメージしたといわれています。ほかにも型に入れたり、マカロン生地をぬって焼いたりとさまざまな形状があります。

ブリオッシュの歴史は意外と古く、17世紀初頭にフランスのノルマンディー地方ではじめて作られたといわれ、その後地方に伝わり、バターと卵の割合を変えて、独自の味わいに変化していきました。

ブリオッシュはバターがたっぷり入っていますが、菓子パンのようには甘くないので、ソーセージやハムなどと一緒に食べれば、ボリューム満点な朝食に。また、お菓子のタルト用としてもよく利用されるなど、用途が広いパンです。

Point

じっくり時間をかけて
ライ麦の味わいを生かす

ホイロ後の生地は
ていねいに扱う

Pain de campagne

パン・ド・カンパーニュ

「田舎風」という意味の、フランス生まれの大型パン

Pain de campagne

パン・ド・カンパーニュ

材料（棒形1本、丸形1個）

フランスパン生地の材料
フランスパン専用粉（フランス）…100g
塩…2g
インスタントドライイースト…1g
水…65g

発酵種の材料
フランスパン専用粉（フランス）…250g
塩…5g
フランスパン生地…上記より15g
水…165g

本ごねの材料
フランスパン専用粉（フランス）…213g
ライ麦粉…37g
塩…5g
インスタントドライイースト…1.5g
モルトシロップ…1g
水…170g
ビタミンC溶液（L-アスコルビン酸1gと水100mℓを混ぜたもの…ティースプーン1/5杯
発酵種…上記より全量
打ち粉、油脂類（ボウルにぬる用）、フランスパン専用粉（発酵かごにふるう用）…各適量

使用した型

発酵かご

所要時間
前日 1時間15分
当日 5時間30分

難易度 ★★★

前日工程

※こね上げ温度23～25℃

フランスパン生地の材料を混ぜる → こねる（2～3分） → 発酵（28～30℃で1～3時間） → 発酵種の材料を混ぜる

①フランスパン生地を作る。ボウルに、フランスパン専用粉、塩、インスタントドライイーストを入れる。②～⑤①のボウルに水を加え、指先で円を描くようにボウルの中で混ぜる。

フランスパン生地発酵後

⑥ひとかたまりになったら、手についた生地をこすりながら取る。⑦～⑧乾燥しないよう28～30℃の場所で1～3時間発酵させる。⑨発酵種を作る。発酵後のフランスパン生地から15g取り出す。

⑩15gのフランスパン生地、フランスパン専用粉、塩を一緒にボウルに合わせる。⑪～⑭⑩のボウルに水を加え、指先で円を描くように混ぜる。

※余ったフランスパン生地の利用法はP203を参考にする。

当日工程

※こね上げ温度24〜26℃

こねる（2〜3分） → 発酵（22〜25℃で15〜20時間） → 本ごねの材料を混ぜる → 台の上で練る → 次のページへ

⑮まとまってきたら、ボウルについた生地をカードで取る。⑯〜⑰ボウルの中で押しながら軽くこねる。⑱〜⑲写真のような状態までこねたら乾燥しないよう22〜25℃の場所で15〜20時間発酵させる。

⑳本ごねをする。前日作った発酵種を取り出す。㉑〜㉒ボウルに水とモルトシロップを入れ溶かす。そこへティースプーン1/5杯分のビタミンC溶液を入れて混ぜる。㉓大きめのボウルにフランスパン専用粉、ライ麦粉、塩、インスタントドライイーストを入れる。

㉔㉓のボウルに、発酵種をカードで切りながら入れる。㉕㉒のボウルの材料も加える。㉖〜㉘手でつかみながら、すべての材料をボウルの中で混ぜる。

㉙ひとかたまりになったら台に取り出す。手やボウルについた生地も取る。㉚〜㉝生地を手でつかむようにして持ち、上下に動かしながら台の上で練る。

Point! カンパーニュはこねすぎないこと

長くこねないのがカンパーニュの特徴

パン・ド・カンパーニュは、外側がカリッとして内側は粗くしっとりしてこそ、おいしいものです。そのため、生地はあまりこねすぎず、こまめにグルテン膜を確認しながら行います。

断面を見れば一目瞭然

正常

内側に不規則な気泡が立っているのがベスト。

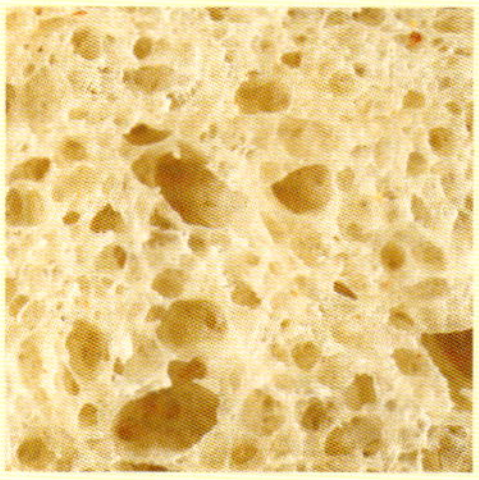

こねすぎ

生地の目がつまっているのはこねすぎの可能性が。

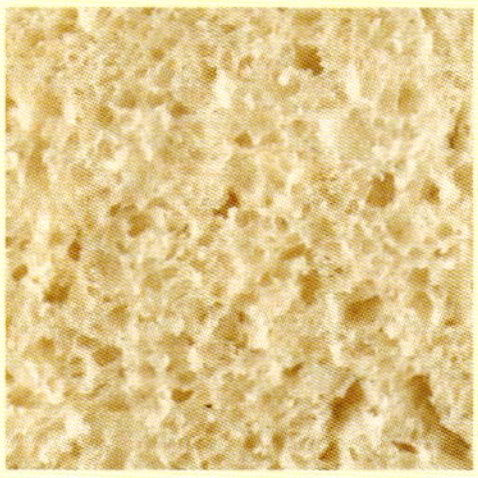

こねる

（約8分、こね上げ温度25～27℃）

34

35

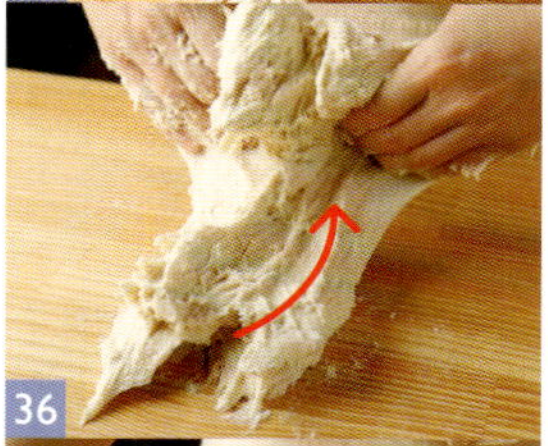
36

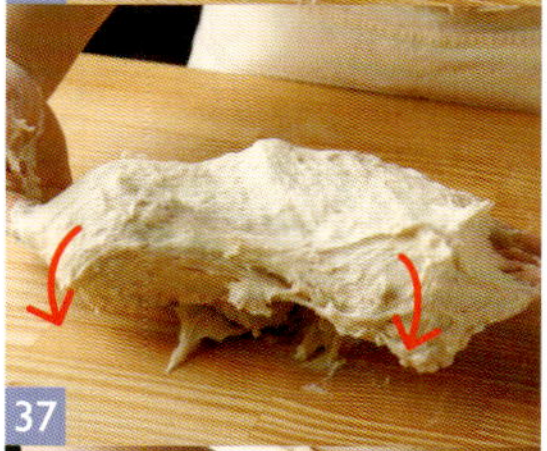
37

38

㉞全体のかたさが同じになったらカードでかき集める。手についた生地も取る。㉟生地の底から指先を差しこんで持ち上げる。㊱生地の下端を台にたたきつける。㊲つかんだ生地をたたいた生地にかぶせる。㊳㉟～㊲の要領で約3分こねる。

3分間 たたいてこねた状態

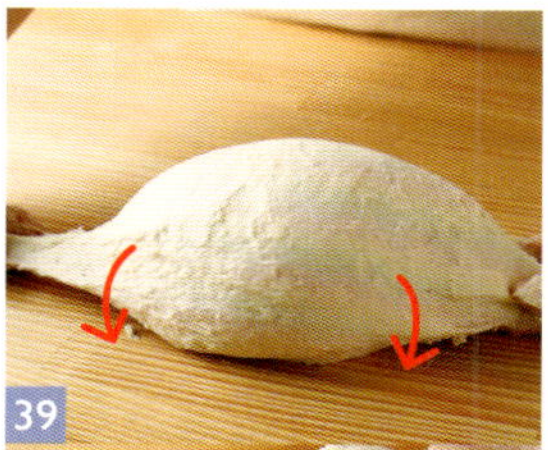
39

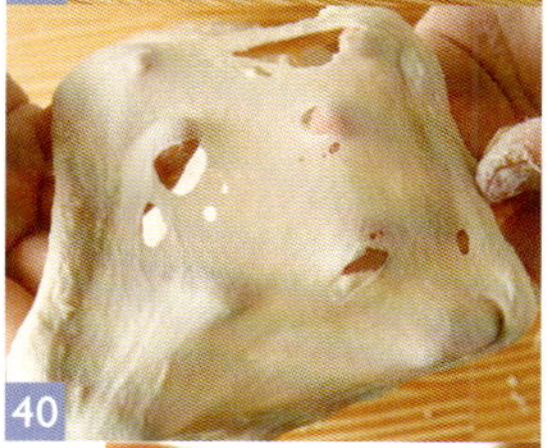
40

41

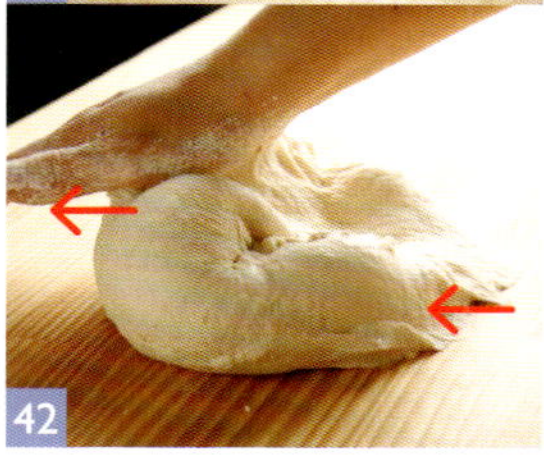
42

㊴約3分こねたらグルテン膜のチェックをする。㊵写真のように穴があく状態にしかならない。㊶生地を手前に半分に折り、合わせ目を押し出すようにしてさらにこねる。㊷合わせ目が上を向いたら生地の向きを変え、㊶の要領で約5分こねる。

5分間 押してこねた状態

43

44

45

46

㊸～㊺こねはじめてから約8分（押してこねてから5分）経った生地はかなり弾力が出てくる。㊻生地の一部を切り取り、グルテン膜のチェックをする。写真のような膜が張っていたら次の工程へ進む。

発酵（28～30℃で約90分） ← パンチ ← 発酵（28～30℃で約45分） ← 分割 ← 丸め 次のページへ

発酵後

パンチ後の発酵をさせてから45分後

47油脂類をぬったボウルに生地を入れ、乾燥しないよう28～30℃の場所で約90分発酵させる。48～49打ち粉をした台に、発酵後の生地を取り出す。50手のひらにも少し打ち粉をつける。

51手のひらで生地を平らにする。52生地の上下から1/3ずつ折る。53左右の端を1/3ずつ折りひっくり返す。54～55 47のボウルに戻し、乾燥しないよう28～30℃の場所で約45分再度発酵させる。

56～57打ち粉をした台に発酵後の生地を取り出す。58～59生地をカードで半分に切る。1個が約420gになっていればベスト。

60～62生地を半分に折り、奥から手前に生地を引き寄せる。63～64生地の向きを変えてさらに引き寄せて丸める。これを2～3回繰り返す。

ベンチタイム（約20分）

(65)～(66)ビニールをかけ約20分ベンチタイムをとる。(67)～(69)丸、棒形両方の発酵かごに茶こしでフランスパン専用粉をふる。

Point! 専用の発酵かごがないときは
手頃なかごに厚手の布を敷き、粉をふれば発酵かご代わりに。

成形

丸形成形

(70)台に打ち粉をする。ベンチタイム後の生地をとじ目を下にして置き、手のひらで平らにする。(71)P161(63)～(64)の要領で生地を丸める。(72)裏返してとじ目をつまむ。(73)丸形の発酵かごにとじ目を上にして入れ、少し押さえる。

棒形成形

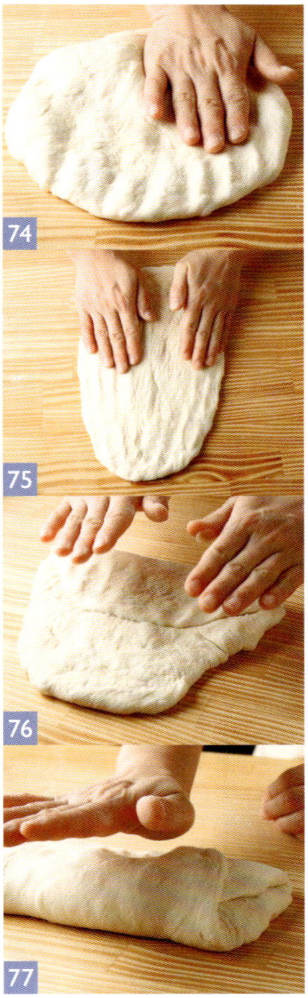

(74)～(75)台に打ち粉をする。ベンチタイム後の生地をとじ目を下にして置き、手のひらで楕円形に整える。(76)～(77)生地を縦にして、上から1/3を折り、180度向きを変えて上から1/3折る。合わせ目を軽く押さえる。

(78)生地を半分に折り、合わせ目を手のつけ根で押しつけてとじる。(79)とじ目を上にして指でつまむ。(80)～(82)長方形の発酵かごにとじ目を上にして入れて、軽く押しこむ。

ホイロ
（約32℃で70 ～ 90分）

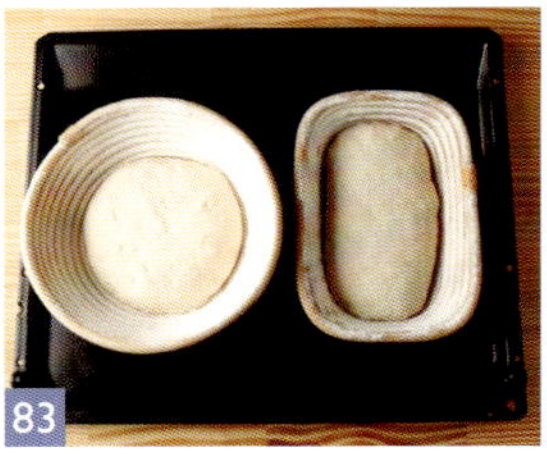
83

ホイロ後

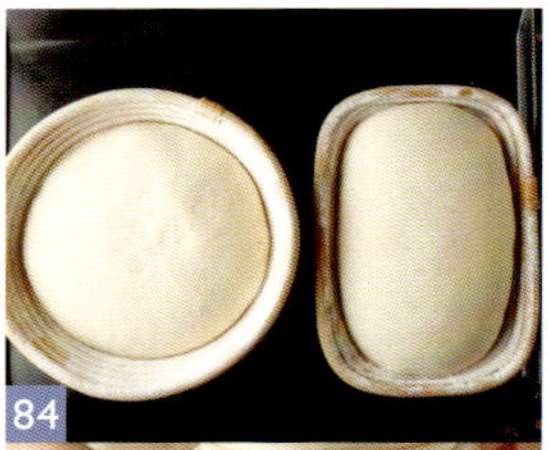
84

85

86

83天板の上にかごを置き、約32℃の場所で70〜90分ホイロをとる。84〜86台の上にオーブンペーパーを敷き、ゆっくりかごをひっくり返す。天板はオーブンに入れて予熱をしておく。

焼く
（約240℃で約15分、約220℃で約25分）

87

88

89

90

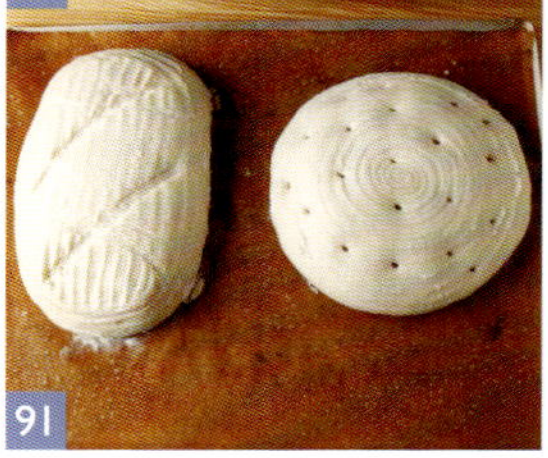
91

87〜89棒状の生地にはクープを斜めに2本入れる。丸形の生地には、箸や棒などで穴をあける。90オーブンペーパーごと熱い天板に移し、霧吹きで水をたっぷりと吹きかける。91約240℃で約15分焼いたら、約220℃にして約25分焼く。

Q & A

Q1 発酵かごや適したかごがない場合は？

A1 パン・ド・カンパーニュは、籐製の発酵かご（バヌトン）に入れて作るのが特徴のフランスの田舎パンです。本場の味に近づけるためにも、発酵かごはなるべく用意してほしいものですが、手に入らない場合は、手で棒状に成形しましょう。成形の方法は下記を参考にしてください。

棒成形の方法

1 板に厚手の布を敷き、上から茶こしでフランスパン専用粉を全体にふる。

2 台に打ち粉をしてベンチタイム後の生地を取り出し、手のひらで平らにする。

3 生地の上下1/3ずつ折り、合わせ目を手で押さえる。

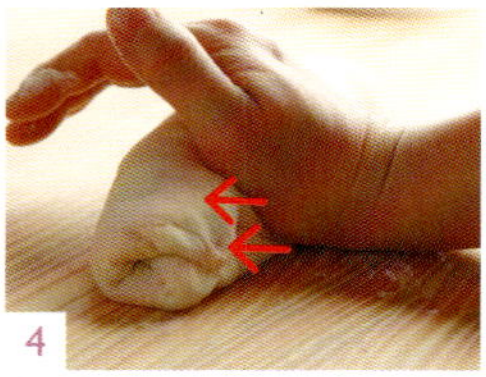
4 ③の生地をさらに半分に折り、合わせ目を手のつけ根で押しこむようにしてとじる。

5 ①の布で山を作り、その間に生地を置く。そのまま約32℃で約70～90分ホイロをとる。

6 オーブンペーパーを敷いた天板の上に置き、クープを3本入れ、霧吹きをして、91と同様に焼く。

焼き上がり

フランスパンと同じような大きなクープが特徴

About a Bread

パンのはなし＋1

発酵時間と発酵種の必要性

発酵種法はなぜこんなに手間がかかるの？

水和って何？

粉類と水を混ぜてこねた生地には、粉の分子と水の分子が合わさった結合水ができる。この現象のことを水和という。逆に、水の分子だけで存在するのを自由水または遊離水といい、これは焼き上げのときに蒸発してなくなってしまう。結合水が多い方がしっとりしたパンに仕上がる。

Q　前日にどうしても発酵種を作れない！フランスパンをストレート法で作ることはできる？

A　基本的に、すべてのパンはどんな製法を使っても作ることは可能です。ただしストレート法だと、こねや成形、ホイロなどの微妙な失敗も、大きく結果に出てしまうため、発酵種法以上に作るのが難しいのです。また、発酵時間が発酵種法に比べると短いため、生地内の水分量は少なく、焼いてもすぐにかたくなってしまうこともあります。

Q　なぜこんなに時間がかかるの？イーストの量を増やせば発酵時間は短縮できるのでは？

A　発酵種法を採用するパンのほとんどが、シンプルな生地のもの。シンプルな生地には発酵を促進する砂糖などの副材料が入っていないため、イーストは、通常よりもゆっくりと発酵をします。水和を促進させるには時間をかけることが第一なのです。

時間がかかるのにはきちんと意味がある

発酵種法は時間も手間もかかるので、少々面倒に感じるかもしれません。しかし、発酵種法を使うのにはきちんとした理由があるのです。

まず、前もって発酵種を作っておくと、粉と水の分子がしっかりとくっつき、しっとりと焼き上がります。また、発酵種を作ることで、ある程度グルテン膜が形成されるため、生地の伸縮性が高まり、最終的に発酵がスムーズに進みます。発酵種を作っておくと、様子をみながら本ごねに移れるので、失敗が少なくなるのも、発酵種法の利点です。

ハード系のパンは、副材料があまり含まれていないぶん、発酵でしっかりと生地をつなげてふくらませ、小麦の味を引き立てることが大切です。そのためには、発酵種法がもっとも適した製法だといえるでしょう。

Danish pastry

デニッシュペストリー4種

バターたっぷりのリッチな生地にフルーツやクリームがたっぷり！

アーモンドクリーム

オレンジ

ダークチェリー

洋梨

Point

- 生地をよく冷やして折りこみの作業を行う
- ホイロの温度管理をしっかり行う

基本になるパン生地を作る

甘くてリッチな口当たりの折りこみ生地パン

デニッシュペストリーは、バターと生地を折りこんで作るとてもリッチなパンです。デニッシュペストリーには決まった形がなく、トッピングや中に入れるフィリングを変えるだけでさまざまなバリエーションが作れます。まずは基本になる生地作りからはじめましょう。

基本の生地の材料

（12個分）

フランスパン専用粉（フランス）…250g
砂糖…25g
塩…5g
脱脂粉乳…10g
カルダモン…1g
バター（室温）…20g
卵…63g
生イースト（インスタントドライイーストの場合は6g）…13g
水…83g
折りこみに使うバター（冷蔵庫で冷やす）…250g
打ち粉、油脂類（ボウルにぬる用）…各適量

所要時間（生地のみ）
前日 1時間
当日 3時間

難易度
★★★

①ボウルにフランスパン専用粉、砂糖、塩、脱脂粉乳、カルダモン、バターを合わせる。②別のボウルに、生イーストと水、卵を入れて混ぜる。③～④①のボウルに②を入れ、指先で円を描くようにボウルの中で混ぜる。⑤ひとかたまりになったら台に移す。

⑥手やボウルについた生地もカードできれいに取る。⑦～⑧生地を手でつかんで上下に動かしながら台の上で練る。⑨～⑩全体のかたさが同じになったら、カードで生地をかき集める。

⑪手についた生地もカードできれいに取る。⑫生地の底から指先で持ち上げる。⑬生地を返しながら下端を台にたたきつける。⑭つかんだ生地をたたいた生地にかぶせる。⑮生地の向きを90度変えて持ち上げる。

こねる（約5分、こね上げ温度25～27℃）

発酵（28～30℃で40～60分）

パンチ

冷蔵発酵（冷蔵庫で15～20時間）

次のページへ

16

17

18

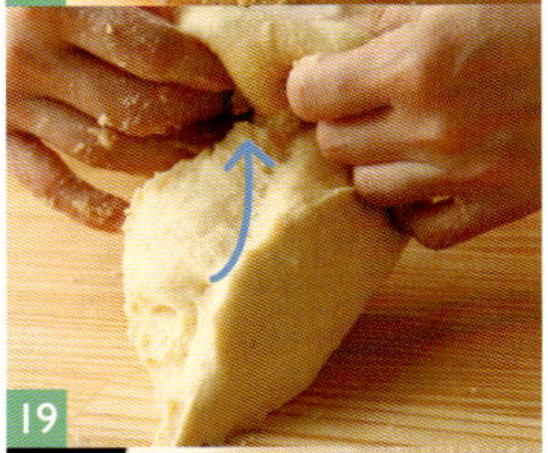
19

20

⑯～⑰⑬～⑭の要領でたたいてこねる。⑱～⑳常に生地の向きを変えながら⑫～⑭を繰り返し、約5分こねる。

5分間こねた状態

21

22

23

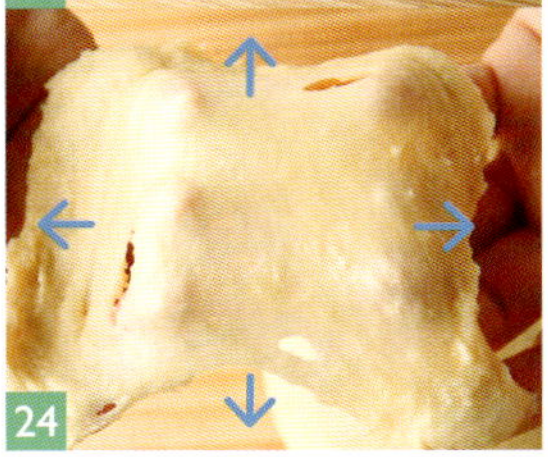
24

㉑～㉓デニッシュペストリーの生地は、あとに折りこむ作業があるのでそれほどこねなくてよい。こねる作業は約5分が目安。㉔グルテン膜のチェックをする。写真のような膜が張っていたら、生地をひとつにまとめる。

25

発酵後

26

27

28

㉕油脂類をぬったボウルに生地を入れ、乾燥しないよう28～30℃の場所で40～60分発酵させる。㉖～㉗発酵後の生地を台に取り出す。㉘生地をそのまま巻いていく。

29

30

31

32

33

㉙生地の向きを90度変えてさらに巻く。㉚～㉛生地を奥から手前に引き寄せるようにして丸める。㉜～㉝丸めた生地をビニールで少し余裕をもたせながら包み、冷蔵庫で15～20時間冷やす。

バターをたたく

34

35

36

37

38

㉞バターをたたく。打ち粉をした台に冷蔵庫から冷えたバターを取り出す。㉟～㊱めん棒の中心を使って、バターの両面をたたきながら平らにする。㊲～㊳両面をたたいたら、バターの向きを90度変えて、両面をさらにたたく。

Point! **切れ端バターを使うときは**

大きな固まりと小さな固まりのバターがある場合は、別々にめん棒でたたいてのばし、そのあとまとめます。

ある程度までたたけばOK

39

40

41

㊴～㊶最終的に、20㎝四方になるように、めん棒でたたく。バターが溶け出したり、めん棒にバターがついたりしてしまったら、冷凍庫で10分以上冷やしてから再開する。

生地をのばす

42

43

44

45

46

㊷～㊸打ち粉をした台に冷蔵庫でひと晩冷やしておいた生地を出す。㊹手のひらで軽くつぶす。㊺～㊻生地の中心から上、中心から下の順にめん棒をかけて、25㎝四方にのばす。

生地とバターを包む

47

48

49

50

51

㊼～㊽生地の上にバターを45度ずらしてのせる。㊾～㊿対角線上の生地の角を引っ張りながら合わせる。合わせ目は指でつまんでとじる。(51)バターが見えている部分は、生地を指でつまんでとじる。

次のページへ 2回目の折りこみ作業 ◀ 冷凍庫で冷やす（約30分） ◀ 1回目の折りこみ作業

52

53

54

55

56

(52)1回目の折りこみ作業をする。打ち粉をした台に生地を置く。(53)〜(54)生地をめん棒で押さえる。ある程度押さえたら裏面も押さえる。(55)〜(56)生地の中央から上、中央から下の順で、縦60㎝×横20㎝にのばす。

57

58

59

60

61

(57)生地の端から2㎝は、外側から内側にめん棒をかける。(58)〜(60)生地を三つ折りにする。(61)生地からバターが溶け出さない状態ならば2回目の折りこみ作業に移る。バターが溶けてきたら、ビニールに包んで冷凍庫で約30分冷やす。

62

63

64

(62)〜(63)2回目の折りこみ作業をする。打ち粉をした台に、合わせ目を上に向けて、1回目の折りこみ後の生地を置く。(64)はじめのうちは生地がかたく、めん棒がかけにくいので、(53)の要領でめん棒で押さえる。

65

66

67

(65)生地をめん棒で押さえたら(55)〜(56)の要領で縦60㎝×横20㎝にめん棒でのばす。(66)生地を三つ折りにする。端は縮みやすいので、折り目にくっつけるように引っ張る。(67)ビニールに包んで、冷凍庫で約30分冷やす。

NG!

生地がうまくのばせません

生地に対してめん棒を左右対称に持っていますか？　また、生地の中心に自分の体を向けていますか？　どちらも守っていないと、めん棒に均等な力が入らず、生地をうまくのばせません。のばす前には一度確認しましょう。

めん棒と生地の中心線が合っていない

生地の中心と体の重心が合っていない

3回目の折りこみ作業

冷凍庫で冷やす（約30分）

成形のためののばし

68

69

70

71

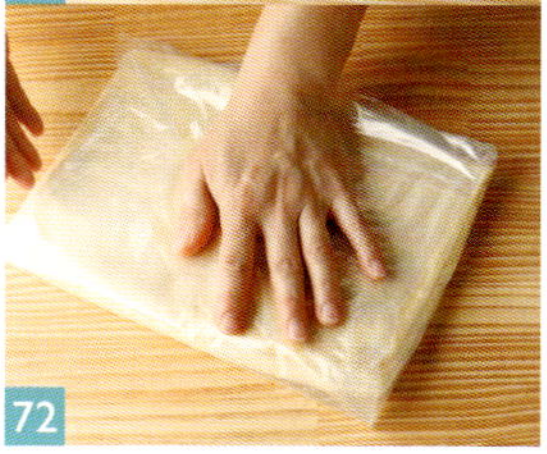
72

73

74

75

76

77

78

79

80

81

82

83

68 3回目の折りこみ作業をする。打ち粉をした台に、生地の合わせ目を上に向けて置く。めん棒を押しつけて伸ばしやすくしておく。69～70 P169 55～56の要領で再度縦60cm×横20cmにのばす。71 生地を三つ折りにする。72 ビニールに包み、冷凍庫で約30分冷やす。

73 打ち粉をした台に、合わせ目を上に向けて置き、生地の上からも打ち粉をする。74～75 生地の縦、横の面をめん棒でのばす。76～77 25～35cmまでのばしたら冷凍庫に入れやすくするため生地を半分に軽く折りビニールに包み冷凍庫で約30分冷やす。

78 打ち粉をした台に77で冷やした生地を置く。79 縦30cm×横40cmにのばす。80 端がいびつになってしまったら、包丁で切り、形を整える。

81～82 10cm四方の正方形を12枚作る。10cm間隔に定規ではかり、生地に包丁で印をつける。83 印に合わせて、切り分ける。生地がやわらかい状態なら20分冷やす。

基本の生地で4種類のデニッシュを作る

次ページからは、ここまでで作った12枚の生地で1種類のデニッシュペストリーを作るレシピになります。12枚で4種類作りたい場合は、フルーツやクリームの分量をそれぞれ1/4に減らしてから作ってください。

P171 ～ 174を4種類×3個ずつ作る場合は

●前日　材料を混ぜる→こねる（約5分）→グルテン膜チェック→発酵（28～30℃で40～60分）→パンチ→冷蔵発酵（冷蔵庫で15～20時間）

●当日

バターをたたく→生地をのばす→生地とバターを包んでのばす→1回目の折りこみ作業→冷凍庫で冷やす（約30分）→カスタードを作る→2回目の折りこみ作業→冷凍庫で冷やす（約30分）→アーモンドクリームを作る→3回目の折りこみ作業→冷凍庫で冷やす（約30分）→オレンジのシロップ煮を作る→1回目の成形のばし（30～60分）→2回目の成形のばし（30～60分）→成形→ホイロ（約32℃で約40分）→焼く（約220℃で約12分）→ジャムを煮つめる→フォンダンを湯せんする→仕上げ

Danish pastry

洋梨

材料（12個分）

デニッシュペストリー生地（P166～170参照）

缶詰の洋梨（半割）…12個

アプリコットジャム（ジャムの2割の水（分量外）を鍋で沸騰させ1～2分煮つめる）、溶き卵（仕上げ用）…各適量

カスタードクリームの材料

牛乳…250ml

卵黄…3個分

砂糖…75g

薄力粉…25g

バニラエッセンス…少々

すべての所要時間

前日 1時間

当日 4時間

難易度 ★★★

当日工程

P166 ～ 170の基本の生地を作る。3回目の折りこみの前くらいまでにカスタードクリームを作る → ホイロ（約32℃で約40分） → 焼く（約220℃で約12分） → 仕上げ

カスタードクリームを作る

❶ボウルに砂糖、卵黄、バニラエッセンスを入れ、泡立て器でよく混ぜる。❷写真のように全体的にもたっとするまで混ぜる。❸②のボウルの中に、ふるった薄力粉を入れ、泡立て器で混ぜる。❹沸騰させた牛乳を③のボウルに2回に分けて入れ、混ぜる。

❺裏ごし器で④を裏ごししながら鍋に移す。❻鍋を強火にかけ泡立て器で焦げつかないようよく混ぜる。❼沸騰して1～2分たったら火から上げる。❽バットに移し、氷に当てて冷ます。❾生地はP166～170を参考に作り、そのまま約32℃で約40分ホイロをとる。

❿洋梨を3～4mmの薄切りにする。生地に溶き卵をぬり、中心にカスタードクリームを絞る。⓫洋梨をのせ約220℃で約12分焼く。⓬～⓭厚手の鍋にアプリコットジャムを入れて火にかけ、沸騰してから1～2分煮つめる。⓮アプリコットジャムをぬる。

Danish pastry

ダークチェリー

当日工程

P166～170の基本の生地を作る。3回目の折り込み後にカスタードクリームを作る → 成形 → ホイロ（約32℃で約40分） → 焼く（約220℃で約12分） → 仕上げ

材料（12個分）

デニッシュペストリー生地（P166～170参照）
ダークチェリー（缶詰）…1缶
シロップ（砂糖と水を1：2で混ぜて沸騰させる）…大さじ2
フォンダン…100g
アプリコットジャム（ジャムの2割程度の水（分量外）を加えて鍋で沸騰させ1～2分煮つめる）、
溶き卵（仕上げ用）…各適量

カスタードクリームの材料

牛乳…250ml
卵黄…3個分
砂糖…75g
薄力粉…25g
バニラエッセンス…少々

すべての所要時間

前日 1時間
当日 4時間

難易度 ★★★

カスタードクリームを作る

❶P166～170を参考に生地を作り、3回目の折り込み作業が終わったらP171①～⑧を参考にカスタードクリームを作る。❷～❸生地を三角形に折り、頂点を残すようにして両辺の1cm内側に包丁で切り込みを入れる。❹生地を広げる。

❺～❻切りこんだ部分は対角線上に折る。❼オーブンペーパーを敷いた天板の上に置き、約32℃の場所で約40分ホイロをとる。❽生地に溶き卵をぬる。❾カスタードクリームを生地の中心に絞る。

❿ダークチェリーを7～8粒のせ、約220℃で約12分焼く。⓫～⓬フォンダンに大さじ1杯分のシロップをかけて台で練る。⓭ボウルに移し、大さじ1杯分のシロップを加えて湯せんにかけ人肌になるまで混ぜる。⓮にアプリコットジャムと、フォンダンをぬる。

Danish pastry
オレンジ

当日工程

P166〜170の基本の生地を作る。3回目の折りこみの前くらいまでにカスタードクリームを作る → 成形 → ホイロ（約32℃で約40分） → 焼く（約220℃で約12分） → 仕上げ

材料（12個分）
デニッシュペストリー生地（P166〜170参照）
フォンダン…100g（P172の⑪〜⑬を参考にのばしておく）
アプリコットジャム（ジャムの2割程度の水を（分量外）加えて鍋で沸騰させ1〜2分煮つめる）、溶き卵（仕上げ用）…各適量

オレンジのシロップ煮の材料
オレンジ…1個
シロップ（砂糖100g、水200gの割合で作る）…300g

カスタードクリームの材料
牛乳…250ml
卵黄…3個分
砂糖…75g
薄力粉…25g
バニラエッセンス…少々

すべての所要時間
前日 1時間
当日 4時間

難易度 ★★★

オレンジのシロップ煮を作る

❶オレンジは皮をよく洗い、7〜8㎜の厚さに切る。❷シロップを鍋で火にかける。❸②が沸騰したらオレンジを入れる。❹〜❺キッチンペーパーで落とし蓋をして弱火で10分煮る。そのまま鍋に入れて冷ます。

❻〜❼P166〜170を参考に生地を作る。❽生地の角からそれぞれ1㎝内側に、L字形の切りこみを入れる。❾切りこみの頂点を中心部に向かって折る。❿オーブンペーパーを敷いた天板の上に置き、約32℃で約40分ホイロをとる。

❿生地に溶き卵をぬる。⓫P171①〜⑧までを参考にカスタードクリームを作り、生地の中心に絞る。⓬オレンジのシロップ煮を1枚のせ、約220℃で約12分焼く。⓭煮つめたアプリコットジャムを焼き上がった生地にぬる。⓮フォンダンを生地の縁にぬる。

P166～170の基本の生地を作る。3回目の折りこみの前くらいまでにアーモンドクリームを作る → 成形 → ホイロ（約32℃で約40分） → 焼く（約220℃で約12分）

Danish pastry

アーモンドクリーム

材料（12個分）

デニッシュペストリー生地（P166～170参照）

アーモンドクリームの材料

- バター（室温）…20g
- 砂糖…20g
- 卵…20g
- アーモンドパウダー…20g
- ラム酒…5mℓ
- 粉砂糖、溶き卵（仕上げ用）…各適量

すべての所要時間

前日 1時間

当日 4時間

難易度 ★★★

アーモンドクリームを作る

1

2

3

4

5

6

7

8

9

10

11

12

13

14

❶ボウルに室温に戻したバターを入れ泡立て器で混ぜる。❷～❸①のボウルに砂糖を入れて、白っぽくなるまで混ぜる。❹～❻卵を少し入れてよく混ぜる。3～4回に分けて入れ、分離しないようによく混ぜる。

❼写真のようなかたさになるまで泡立て器でよく混ぜる。❽⑦のボウルにアーモンドパウダーを入れて混ぜる。❾最後にラム酒を加えてよく混ぜる。❿写真のようになったら完成。絞り出し袋に入れる。

⓫P166～170を参考に生地を作る。⓬生地の中心よりやや上に、アーモンドクリームを絞る。⓭生地を三角形に折り、指で押さえる。天板にのせ、約32℃で約40分ホイロをとる。⓮溶き卵をぬり、約220℃で約12分焼き、粉砂糖をふる。

Variation
トッピングや成形を変えて作る

デニッシュペストリーのバリエーション

のばした生地はこのようにカットする

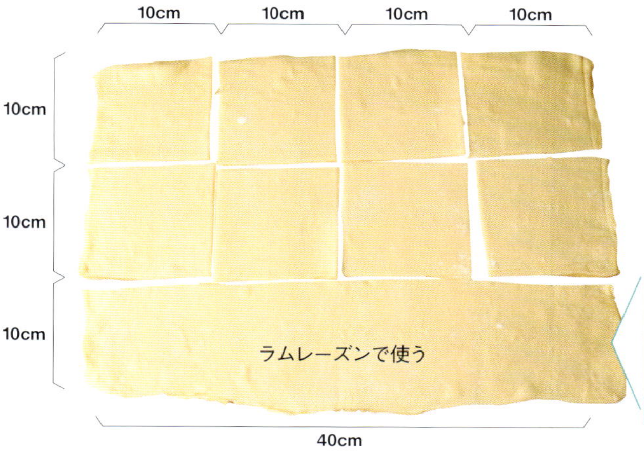

↑ 10cm 四方の生地が 8 枚、縦 10cm × 横 40cm の生地 1 枚になるように切る。

1 P170 ⑱の生地を、整える程度に縦 30cm × 横 40cm にのばす。

2 定規を使ってはかりながら包丁で切る。

まず パン生地を作る

成形とフルーツを変えて自分なりのアレンジを

P166の基本生地の分量で、デニッシュペストリーのバリエーションを9種類作ってみましょう。P166①～P170⑱までを参考に生地を作ります。ホイロや焼く時間はP171～174と同じです。

アンズ

材料（1個分）
デニッシュペストリー生地（P166～170参照）
アンズの缶詰…2個
カスタードクリーム（P171参照）、アプリコットジャム（P171を参考に煮つめる）、フォンダン（P172⑪～⑬を参考にのばしておく）、溶き卵（仕上げ用）…各適量

1 ←生地の角を中心に向かって折る。

2 →折った角の向かい側の角も折る。オーブンペーパーを敷いた天板の上でホイロをとる。

3 ←溶き卵をぬり、カスタードクリームを絞る。アンズをのせて焼いたら煮つめたアプリコットジャムとフォンダンをぬる。

パインとミカン

材料（1個分）
デニッシュペストリー生地（P166～170参照）
ミカンの缶詰…2～3切れ、パインの缶詰…3～4切れ
カスタードクリーム（P171参照）、アプリコットジャム（P171を参考に煮つめる）、溶き卵（仕上げ用）…各適量

1 ←生地を三角形に折り、右辺より 1cm 内側を包丁で切る。

2 →生地を広げ、切った部分を対角線上に折る。オーブンペーパーを敷いた天板に置き、ホイロをとる。

3 ←溶き卵をぬり、カスタードクリームを絞る。パインとミカンをのせて焼く。焼き上がったら煮つめたアプリコットジャムをぬる。

ブルーベリー

材料（1個分）
デニッシュペストリー生地（P166～170参照）
冷凍ブルーベリー…大さじ1、カスタードクリーム（P171参照）、アプリコットジャム（P171を参考に煮つめる）、フォンダン（P172⑪～⑬を参考にのばす）、溶き卵（仕上げ用）…各適量

1

←生地の四隅を中心に向かってすべて折る。

2

→裏返して中心を少しくぼませたら、オーブンペーパーを敷いた天板の上でホイロをとる。

3

←生地に溶き卵をぬり、生地のくぼみにカスタードクリームと冷凍ブルーベリーをのせて焼く。焼き上がったらアプリコットジャムとフォンダンをぬる。

1の角をさらに折って

1

カスタードクリームと泡立てた生クリームを1対1の割合で混ぜ合わせる。

2

さらに折り、ホイロをとり溶き卵をぬり焼く。上1/3を切り中に①を絞り粉砂糖をふる。

スノーボール

材料（1個分）
デニッシュペストリー生地（P166～170参照）
カスタードクリーム（P171参照）、生クリーム（泡立てる）、粉砂糖、溶き卵（仕上げ用）…各適量

黄桃

材料（1個分）
デニッシュペストリー生地（P166～170参照）
黄桃の缶詰…1個
カスタードクリーム（P171参照）、アプリコットジャム（P171を参考に煮つめる）、溶き卵（仕上げ用）…各適量

1

←生地を三角形に折り、頂点に3cmの切りこみを入れる。

2

→生地を広げて、さらにふたつの角に3cmの切りこみを入れる。

3

←切りこみを中心に向かって折る。

4

→③で切った所をひとつとばしで折る。

5

←全部で4か所折り、風車の形にする。オーブンペーパーを敷いた天板の上でホイロをとる。

6

→生地全体に溶き卵をぬり、中心にカスタードクリームを絞る。黄桃をのせて、焼く。焼き上がったら煮つめたアプリコットジャムをぬる。

ラムレーズン

材料（大1個分）
デニッシュペストリー生地（P166～170参照）
ラムレーズン…50g、カスタードクリーム（P171参照）、アーモンドクリーム（P174参照）、溶き卵（仕上げ用）、アーモンドスライス、グラニュー糖…各適量

1 生地の中心にアーモンドクリームとカスタードクリームを横に絞りラムレーズンをのせる。

2 上下の生地でクリームを包み合わせ目を指でつまむ。オーブンペーパーを敷いた天板の上でホイロをとる。

3 全体に溶き卵をぬり、合わせ目の上にアーモンドスライス、グラニュー糖をのせて焼く。

4 焼き上がりは写真のような状態。これを食べやすい大きさに切り分ける。

アーモンドクリーム（くし型）

材料（1個分）
デニッシュペストリー生地（P166～170参照）
アーモンドクリーム（P174参照）、溶き卵（仕上げ用）…各適量

1 ホイロ後の生地の中心より上にアーモンドクリームを絞り、上が1cm多めになるよう横に折る。

2 合わせ目に1cmの切りこみを入れる。生地の両端を扇形に広げる。ホイロをとり、溶き卵をぬり、焼く。

パイン

材料（1個分）
デニッシュペストリー生地（P166～170参照）
パインの缶詰…輪切り1枚、カスタードクリーム（P171参照）、溶き卵（仕上げ用）、アプリコットジャム（P171を参考に煮つめる）、フォンダン（P172⑪～⑬を参考にのばしておく）…各適量

1 生地の四方を中心に向かって折る。オーブンペーパーを敷いた天板の上でホイロをとる。

2 溶き卵をぬりカスタードクリームを絞り、パインをのせて焼く。アプリコットジャムとフォンダンをぬる。

アーモンドクリーム（リボン型）

材料（1個分）
デニッシュペストリー生地（P166～170参照）
アーモンドクリーム（P174参照）、溶き卵（仕上げ用）…各適量

1 ホイロ後の生地を使う。生地の中心よりやや上にアーモンドクリームを絞る。

2 三角形に折る。頂点に縦2本の切りこみを入れる。

3 切りこみを入れた部分を折り返して指でつまんで固定する。溶き卵をぬり、焼く。

Simit

スミット

ゴマが香ばしいトルコのリング状パン

Point

成形で棒状にのばすときは
指先だけでなく手のひらを使う

生地が縮みやすいので
しっかり細長くのばす

Simit

スミット

材料（18個分）

フランスパン専用粉（フランス）…250g
砂糖…13g
塩…4g
バター（室温）…13g
卵…13g
生イースト…8g（インスタントドライイーストの場合は4g）
水…135g
白ゴマ（炒ったもの）…適量
油脂類（ボウルにぬる用）…適量

所要時間
当日 2時間50分

難易度
★★★

材料を混ぜる

❶フランスパン専用粉、砂糖、塩、バターをボウルの中に入れる。❷別のボウルに生イーストと水を溶かし、卵を加えてさらに混ぜる。❸①のボウルに②を加える。❹～❺指先で円を描くように混ぜる。

台の上で練る

❻～❽ひとかたまりになったら台に取り出す。手やボウルについた生地もカードで取る。❾～⓬生地を手でつかみ、上下に動かしながら台の上で練る。

⓭全体のかたさが同じになったら、カードでかき集める。手についた生地も残さず取る。⓮生地の底から指先を差しこんで持ち上げる。⓯生地の下端を台にたたきつける。

たたいてこねる
（約5分）

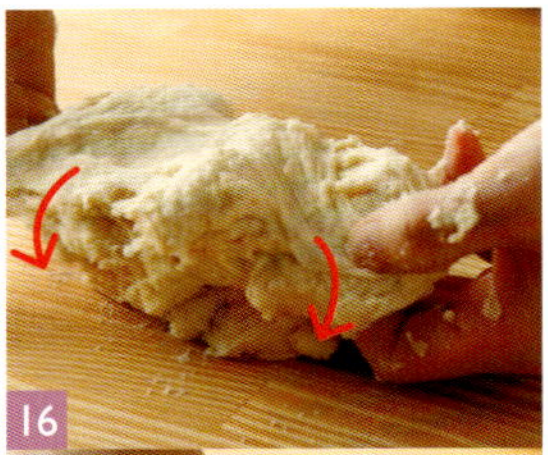
16

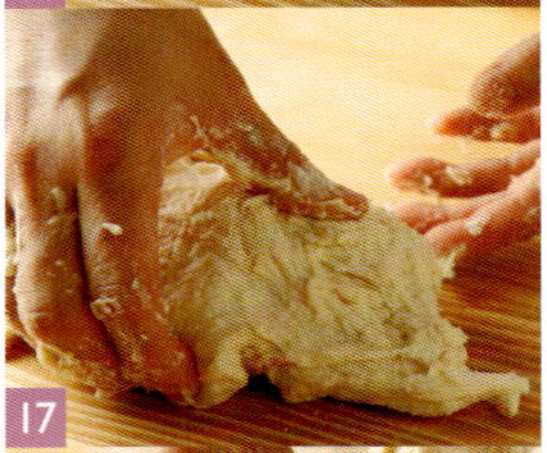
17

18

5分間 たたいてこねた状態

19

⑯つかんだ生地をたたいた生地にかぶせる。⑰〜⑲常に生地の向きを変えながら⑭〜⑯の要領で約5分たたいてこねる。

押してこねる
（約10分、こね上げ温度26〜28℃）

20

21

22

23

24

⑳たたいてこねはじめてから5分経ったら、手についた生地をこすりながら取ってまとめる。㉑〜㉓生地を半分に折り、合わせ目を手のひらで押し出すようにしてこねる。㉔合わせ目が上を向いたら生地の向きを変える。

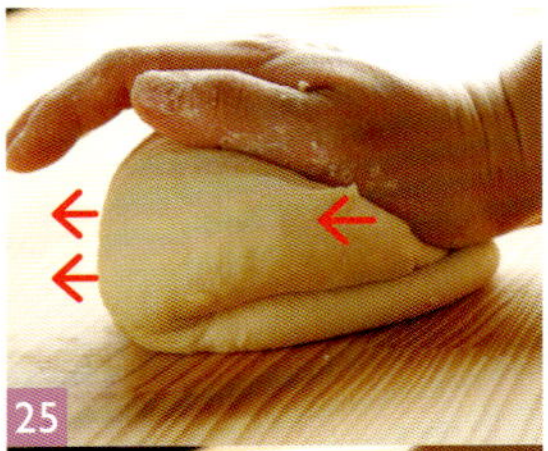
25

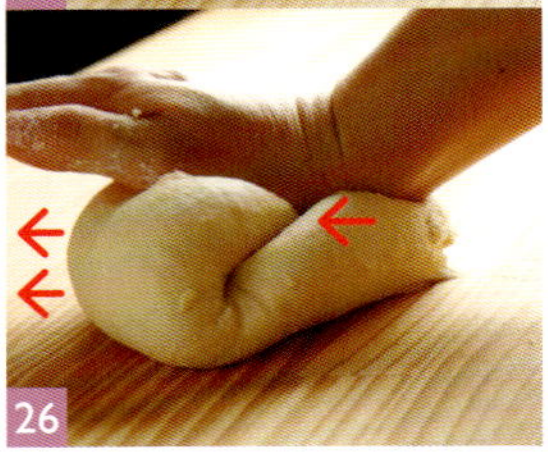
26

10分間 押してこねた状態

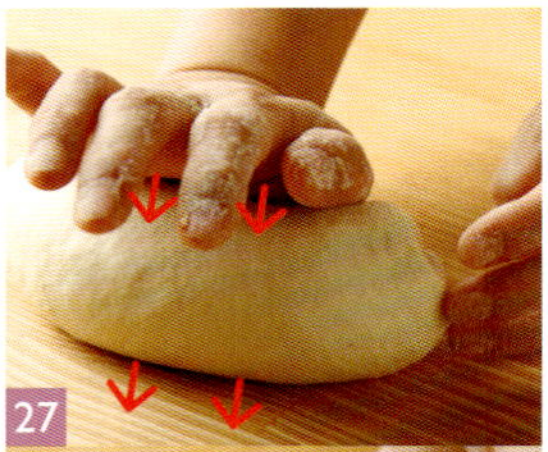
27

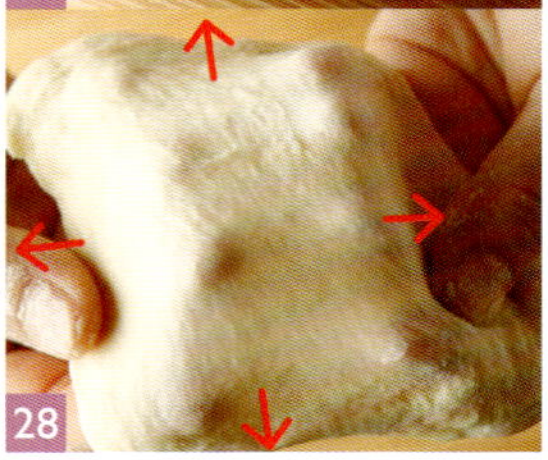
28

㉕〜㉖㉑〜㉓の要領で、約10分押してこねる。㉗生地がつるんとしてきたら、グルテン膜のチェックをする。㉘写真のような膜が張っていたら、生地をまとめる。

発酵
（28〜30℃で約50分）

次のページへ

29

発酵後

30

31

32

㉙油脂類をぬったボウルの中に生地を入れ、乾燥しないよう28〜30℃の場所で約50分発酵させる。㉚〜㉛発酵後の生地を台の上に取り出す。㉜生地に切りこみを入れて棒状にする。

分割

丸め

ベンチタイム
（約15分）

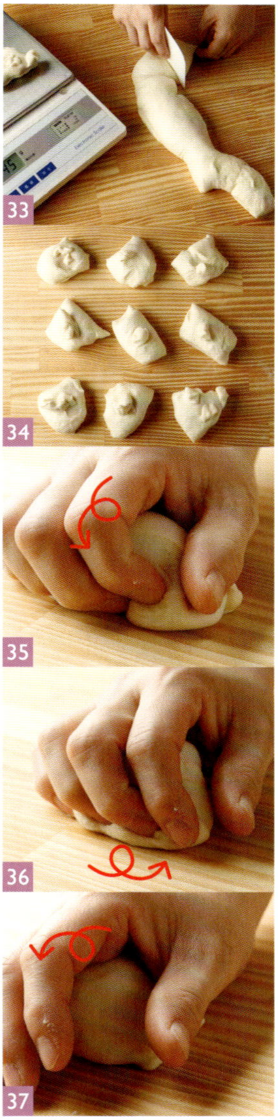

㉝〜㉞1個45gに分割する。45gに満たない生地は等分して、分割後の生地に分ける。㉟〜㊲猫の手のように丸めた手で生地を包み、台に生地をこすりつけるように反時計回りに回して丸める。

㊳〜㊷㉟〜㊲の要領で、すべての生地を丸める。

㊸〜㊹ビニールをかけて約15分ベンチタイムをとる。㊺〜㊻ベンチタイム後の生地をひっくり返してとじ目を上に向ける。㊼手のひらで平らにする。

㊽〜㊿めん棒で楕円形にのばす。51〜52生地を横に向け、上1/3を折る。

成形 ＜ ホイロ（約35℃で約30分） ＜ 焼く（約220℃で約12～15分）

(53)～(54)向きを変えて上1/3を折り、合わせ目を手のひらで軽く押さえる。(55)～(56)さらに横半分に折り、合わせ目を手のつけ根でとじて生地の表面を張らせる。(57)生地を押さえるように転がして棒状にする。

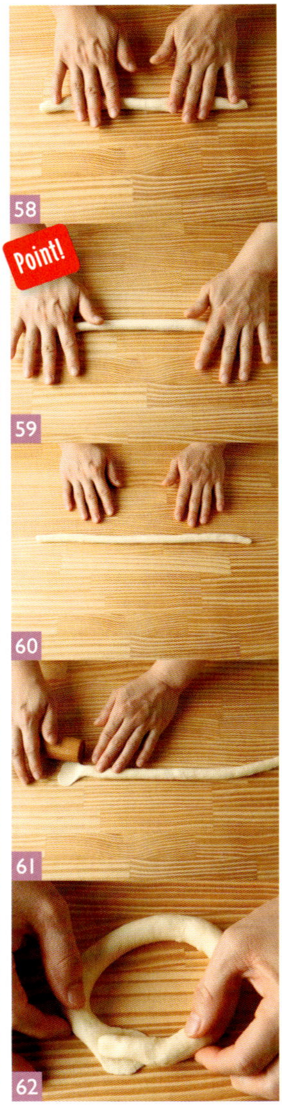

(58)～(60)手のひら全体を使って約30cmに転がしてのばす。(61)生地の右端をめん棒の先を使って広げる。(62)生地をリング状にする。

Point! 成形では手のひら全体を使う
生地をのばすときは指先だけでなく、手のひらで行う。

(63)～(64)広げた右端の生地で左端の生地を包み、つなぎ目を指でつまんでとじる。(65)～(66)白ゴマを入れたバットと、濡らしたふきんを敷いたバットを用意する。生地の表面のみを濡れぶきんにつけて湿らせる。(67)表面に白ゴマをつける。

ホイロ後

(68)～(69)オーブンペーパーを敷いた天板の上に置き、約35℃の場所で約30分ホイロをとる。(70)～(71)ホイロ後の生地に霧吹きでたっぷりと水を吹きかけて、約220℃で12～15分焼く。

About a Bread

パンのはなし＋1

こねる作業が短縮できる、ミキサーについて

便利な機械で、パン作りの時間を短縮！

ホームベーカリー

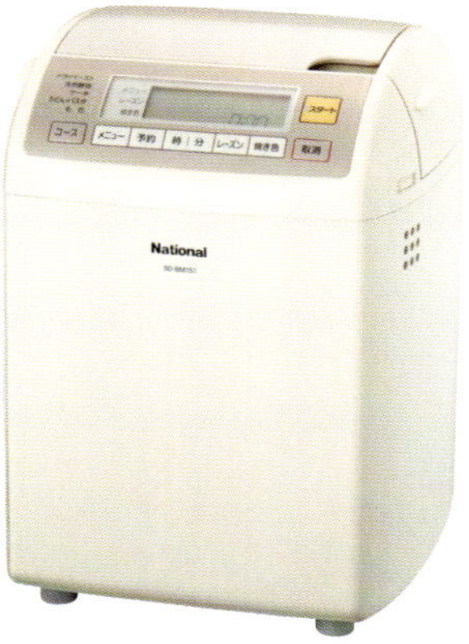

こんなときに便利！

こねる作業から焼き上げまですべて機械にまかせたい人に。「まずは食パン作りから」というパン作り初心者にもおすすめ。

使うときのポイント

機種によっては一方向でしかこねられなかったり、こねる力が弱かったりするので最後に軽く手ごねをしてから作ること。

キッチンエイド

こんなときに便利！

こね作業だけを機械にまかせてあとは手作りしたい派に。パンだけでなく、生クリームの泡立てやクッキーやケーキ生地作りも可能。

使うときのポイント

やわらかい生地をこねるときは、中央のフックに生地がからみづらいので、ボウルの周囲をカードなどでこまめに取りながらこねる。

ニーダー

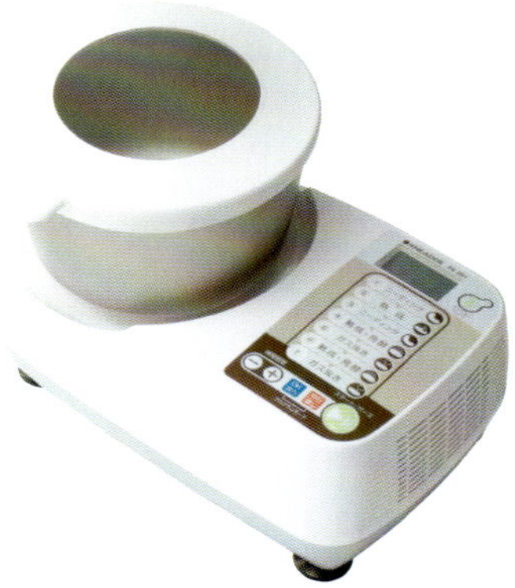

こんなときに便利！

パン生地や餅など生地ものをこねるのに便利。大きさによっては一度に大量にこねられ、パンをたくさん作りたいときに重宝する。

使うときのポイント

高速、低速回転の調節ができない機種があるので、こまめにこね状態を確認することが大切。放っておくとこねすぎになる可能性も。

機械ごねのときにはいくつか注意点があります

パン作りの作業でもっとも手間がかかるのは、こねる作業です。とくに慣れないうちは、こね具合がわからず、時間がかかるでしょう。慣れていても、大変なこね作業。パンを毎日のように作るなら、こね専用のミキサーを使えば、時間が短縮できてとても便利です。使い方は、生地の材料を入れて、スタートボタンを押すだけと簡単です。種類によっては、回転の速さを選べたりするものもあります。

ただし、こねる作業を機械にまかせたときでも、そのまま発酵に移さず、グルテン膜をきちんと確認しましょう。

また、水温を調整していても機械の熱で生地の温度が上がりすぎることもあるので、そういう場合は、途中から手ごねに変えます。こうして生地の温度を落としてから発酵させることで、発酵がスムーズに進みます。

写真提供／パナソニック（左）、日本ニーダー（右）

Point

クープは同じ深さに
均等に入れる

ホイロ後の生地の移動は
くれぐれも注意して行う

Pain de seigle

パン・ド・セイグル

ドライフルーツの濃厚な甘みがライ麦のおいしさを引き立てます

Pain de seigle

パン・ド・セイグル

材料（3個分）

フランスパン生地の材料
フランスパン専用粉（フランス）…100g
塩…2g
インスタントドライイースト…1g
水…65g

発酵種の材料
フランスパン専用粉（フランス）…150g
塩…3g
フランスパン生地…上記から9g
水…94g

本ごねの材料
フランスパン専用粉（フランス）…50g
ライ麦粉…200g
発酵種…上記から250g
塩…5g
インスタントドライイースト…2g
モルトシロップ…1g
水…158g
クルミ、ドライアプリコット…各30g
油脂類（ボウルにぬる用）…適量

所要時間
前日 1時間
当日 3時間50分

難易度 ★★★

※余ったフランスパン生地の利用法はP203を参照してください。

前日工程 ※こね上げ温度23～25℃

フランス生地の材料を混ぜる → こねる（2～3分） → 発酵（28～30℃で1～3時間） → 発酵種の材料を混ぜる

当日工程 ※こね上げ温度24～26℃

こねる（2～3分） → 発酵（22～25℃で15～20時間） → 本ごねの材料を混ぜる

1

2

3

4

5

6

7

8

9

10

11

12

13

14

15

❶P158①～⑥を参考に、フランスパン生地を作り、28～30℃で1～3時間発酵させる。❷～❹発酵種を作る。ボウルに発酵種の材料をすべて入れ、指先で円を描くように混ぜる。❺ひとかたまりになったら台に取り出す。手やボウルについた生地も取る。

❻～❽生地を手でつかみ、上下に動かしながら練る。❾全体のかたさが同じになったら、カードでかき集める。手についた生地も取って一緒にする。❿油脂類をぬったボウルに生地を入れ、乾燥しないよう22～25℃の場所で15～20時間発酵させる。

⓫クルミは粗く砕く。ドライアプリコットは細切りする。⓬発酵後の生地。⓭水とモルトシロップを指で混ぜ溶かす。⓮別のボウルにフランスパン専用粉、ライ麦粉、塩、インスタントドライイーストを入れる。⓯発酵種をカードで切って⑭に入れる。

台の上で練る

⑯〜⑰⑮のボウルに、⑬を合わせて、手でつかみながらボウルの中で混ぜる。⑱ひとかたまりになったら台に移す。手やボウルについた生地も残さず取る。⑲〜⑳生地を両手でつかんで、上下に動かしながら台の上で練る。

たたいてこねる（約5分）

㉑〜㉒全体のかたさが同じになったら、カードで生地をかき集める。手についた生地も取る。㉓生地を持ち上げる。㉔下端を台にたたきつける。㉕つかんだ生地をたたいた生地にかぶせる。常に生地の向きを変えながら、㉓〜㉕の要領で約5分こね続ける。

押してこねる（約5分）

㉖〜㉗生地の表面がつるんとしてきたら、手についた生地をこすりながら取る。㉘〜㉚生地を半分に折り、合わせ目を手のひらで押し出すようにしてこねる。合わせ目が上を向いたら生地の向きを90度変えて半分に折り、押し出すようにして約5分こね続ける。

分割

次のページへ

5分間こねた状態

㉛〜㉜生地の表面がなめらかになったら、グルテン膜のチェックをする。写真のような膜が張っていたら完了。㉝生地を1個220gに分割する。㉞クルミ用、アプリコット用、プレーン用と、合計3個分になる。

クルミとドライアプリコットを生地に混ぜる

㉟～㊱生地を広げて、ドライアプリコットをのせ、巻きこむ。㊲生地の向きを90度変えてさらに巻く。㊳～㊴㉘～㉚の要領で押し出してこねながら、生地にドライアプリコットを混ぜる。

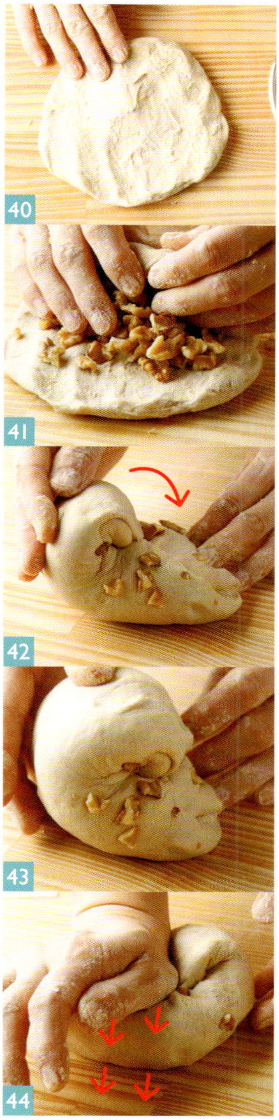

㊵ふたつ目の生地を広げる。㊶～㊷クルミをのせ、㉟～㊲の要領で2回生地を巻く。㊸～㊹㉘～㉚の要領で押し出してこね、生地にクルミを混ぜる。

発酵
（28～30℃で約60分）

発酵後

㊺～㊻クルミが生地全体に混ざったら丸める。プレーンタイプの生地も同様に丸める。㊼～㊽油脂類をぬったボウルにそれぞれの生地を入れ、乾燥しないよう28～30℃の場所で約60分発酵させる。

㊾発酵後の生地を台に取り出す。㊿～51生地を軽く巻いたら、向きを90度変えてさらに巻く。52～53生地を奥から手前へ引き寄せるようにして丸める。

丸め → ベンチタイム（約15分） → 成形 → ホイロ（約32℃で約60分） → 焼く（約240℃で約10分、約220℃で約25分）

54残りの生地も同じようにして丸める。55ビニールをかけて約15分ベンチタイムをとる。56～58ベンチタイム後の生地をひっくり返して手のひらで平らにする。

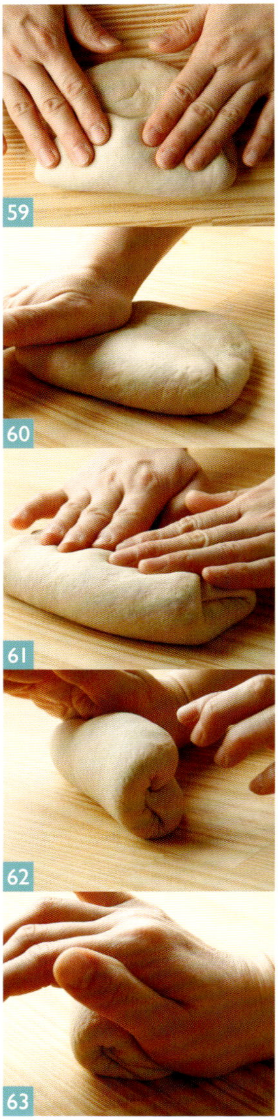

59～61生地を上から1/3折り、向きを変えて上から1/3折り、合わせ目を手のひらで軽くつぶす。62～63生地をさらに半分に折り、合わせ目を手のつけ根でしっかりととじる。

64生地の両端を転がして棒状にする。65生地のとじ目を下にして、表面にクープを浅めに入れる。66天板の上に厚手の布を敷き、山を作る。その間に生地を置く。67クルミとアプリコットの生地も山と山の間に置く。68約32℃の場所で約60分ホイロをとる。

ホイロ後

69～71天板を入れてオーブンを予熱する。台の上にオーブンペーパーを敷き、ホイロ後の生地を置く。72熱い天板の上にオーブンペーパーごと移動させて、霧吹きで水をたっぷりとかける。約240℃で約10分焼き、温度を下げて約220℃で約25分焼く。

About a Bread

パンのはなし＋1

クープの入れ方を覚えて、美しいパンに仕上げる！

生地に切れ目を入れるという単純な作業にも理由はあります

クープのポイント 1

クープナイフは正しく持つ！

クープナイフを親指と人差し指と中指で軽く持ち、生地に刃を立てすぎないようにする。

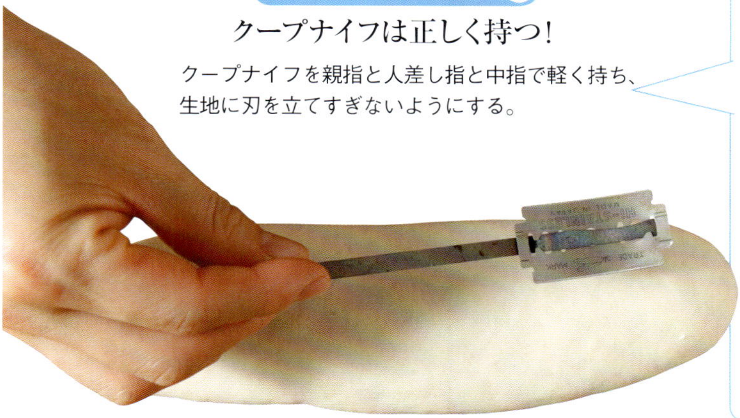

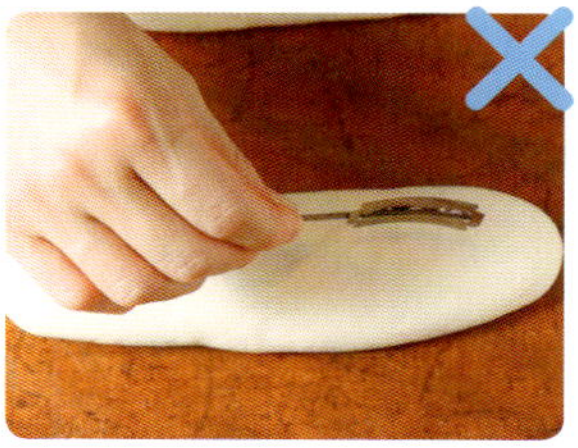

これはNG！

生地に対して垂直

生地に対して刃を立てすぎたままクープを入れると、切り目の中央から生地が盛り上がってしまい、美しく仕上がらない。

クープのポイント 2

クープを縦に入れるときはクープの1/3が重なるように

生地に対して平行に近い角度でクープを入れると、焼き上げたときにきれいに切れ目が割れる。

クープを2本入れる場合は、1本目の1/3にかかるように2本目を入れる。

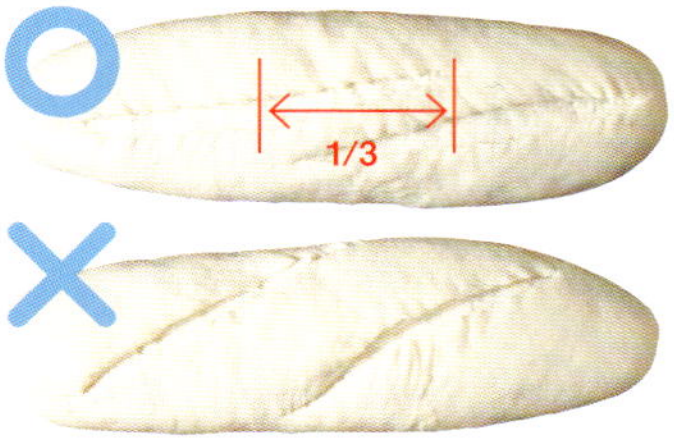

クープのポイント 3

間違った方法でクープを入れて焼いてもうまく開かない

生地に対して刃を垂直にして切り目を入れると、深く刃が入りすぎて、焼いたときに切れ目がうまく開かない。刃で生地の表面をそぐようにして、スピーディーに切るのがコツ。

垂直に持ってクープを入れると、焼いたときに切れ目がきれいに開かない。

美しく、ボリューム豊かなパンに仕上げるために

ハード系のパンは、焼く前にクープナイフで切れ目を入れます。この作業のことを、クープを入れるといいます。クープを入れる理由はおもにふたつです。

まずひとつめは、パンの見栄えをよくすることです。等間隔で連なった切れ目は、おいしそうに見えるだけではなく、クープの割れ目と外側の焼き色のコントラストも楽しめます。

ふたつめは、生地のふくらみを均等にして、ボリュームのあるパンに焼き上げるためです。ホイロ後の生地内には、イーストが発した炭酸ガスがランダムにたまっています。そこでクープを入れて、生地内のガスをある程度まで外に逃がして、均等なふくらみをもたせるのです。

こうすることで、焼き上げのときも均等に火が入り、こんがりと美しいパンに焼き上がるわけです。

Ciabatta

チャバッタ

**スリッパのような形がユニークな
イタリア生まれのパン**

Point

発酵種はかなりかたいが
水を加えずによくこねる

本ごね生地もダマができないよう
しっかりこねること

前日工程　※こね上げ温度24～26℃　当日工程

発酵種の材料を混ぜる → こねる（約10分） → 発酵（20～25℃で15～20時間）

Ciabatta

チャバッタ

材料（3個分）

発酵種の材料
フランスパン専用粉（フランス）…250g
インスタントドライイースト…2g
水…110g

本ごねの材料
塩…5g
インスタントドライイースト…2g
モルトシロップ…1g
発酵種…上記よりすべて使用
水…33g
牛乳…33g
打ち粉、油脂類（ボウルにぬる用）…各適量

所要時間
前日 15分
当日 2時間30分

難易度 ★★★

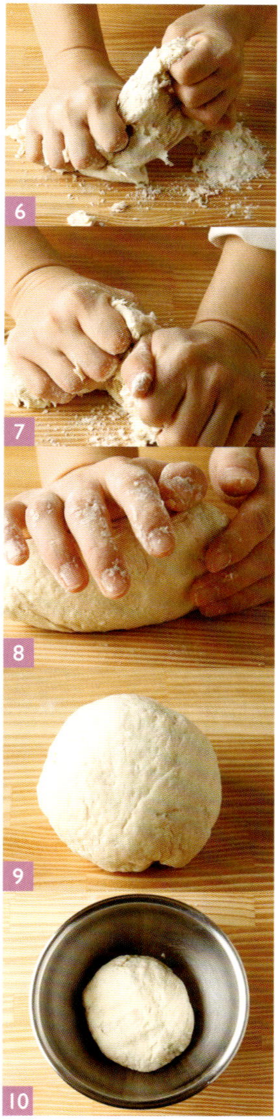

発酵種
発酵後

❶～❷発酵種を作る。インスタントドライイーストと水を泡立て器で混ぜる。❸別のボウルにフランスパン専用粉を入れ、②を合わせる。❹指先で円を描くように混ぜる。❺ひとかたまりになったら台に出す。手やボウルについた生地も取る。

❻～❼生地を手でつかんで上下に動かしながら練る。❽～❾とてもかたいので力を入れてこねる。全体のかたさが同じになったら、ひとつにまとめる。❿油脂類をぬったボウルの中に生地を入れ、乾燥しないよう20～25℃の場所で15～20時間発酵させる。

⓫～⓬本ごねをする。発酵後の生地をカードで小さく切り、ボウルに入れる。⓭～⓮別のボウルに水とモルトシロップを溶かし、牛乳を加えて泡立て器で混ぜる。

COLUMN

イタリアには どんなパンがある？

イタリアは南北に長く、地方によってさまざまなパンがあります。ただし、どの地方のパンも、成形にこだわらず、材料もシンプルなものが多いです。やや塩気があり油分の少ない軽い食感のものから、甘くてリッチな口当たりのものまで味わいもいろいろです。また、スポンジケーキのような食感のパンドーロや、ドライフルーツがたっぷり入った保存性の高いパネトーネなど、キリスト教にちなんだパンが多いのも特徴です。今ではキリスト教の祝祭日に限らず、日常的に楽しまれています。

代表的なイタリアのパン

ロゼッタ
バラの形をした小型パン。専用の押し型で作る。材料は小麦粉、塩、水、イーストといたってシンプル。

グリッシーニ
トリノ生まれのスティック状のパン。お酒のおつまみとして楽しんだりパスタと一緒に食べたりもする。

タラッリ
円状に成形した生地をゆでてから焼いたカリッとしたパン。南イタリアでよく食べられている。

フォカッチャ
指でピケをして焼いた平型のパン。オリーブやハーブを使うなど味わいは豊富。サンドイッチにも重宝する。

本ごねの材料を混ぜる

15

16

17

18

19

⑮〜⑰⑫のボウルに塩、インスタントドライイースト、⑭を合わせる。⑱〜⑲つかむようにして全体を混ぜる。なかなかまとまらないが、5分ほど混ぜているとだんだんと生地が水を吸っていく。

台の上で練る

20

21

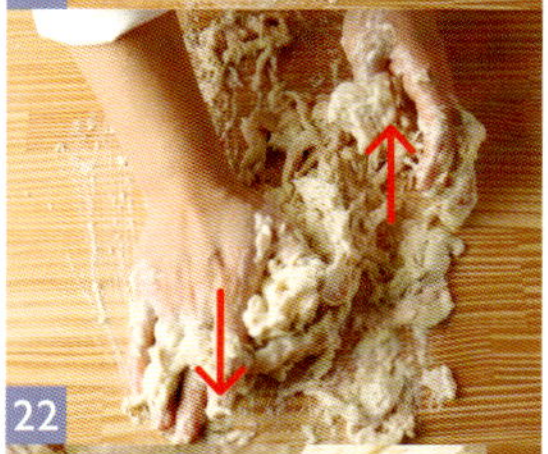
22

23

24

⑳全体が混ざったら台に出す。手やボウルについた生地も取る。㉑〜㉒生地を両手でつかみ、上下に動かしながら引きちぎるようにしてダマがなくなるまで練る。㉓〜㉔全体のかたさが同じになったら、カードでかき集める。手についた生地も取ってまとめる。

次のページへ

たたいてこねる（約5分、こね上げ温度25～27℃） → 発酵（28～30℃で約50分） → 分割（成形） → ホイロ（32℃で約40分） → 焼く（約230℃で20～25分）

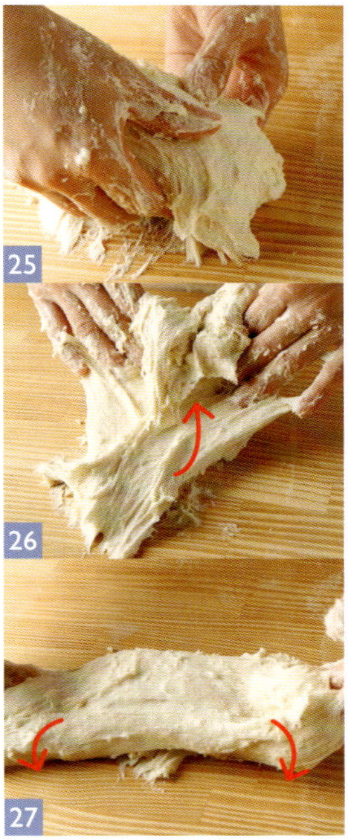

5分間こねた状態

㉕生地の底から指先を差しこんで持ち上げる。㉖下端を台にたたきつける。㉗つかんだ生地をたたいた生地にかぶせる。常に生地の向きを変えながら㉕～㉗を繰り返して、約5分こね続ける。㉘写真のように生地の表面がつるんとしてくるまでこねる。

発酵後

㉙グルテン膜のチェックをする。写真のような膜が張っていたら生地を戻してまとめる。㉚油脂類をぬったボウルの中に入れ、乾燥しないよう28～30℃の場所で約50分発酵させる。㉛～㉜台に打ち粉をして発酵後の生地を取り出し、カードで三等分する。

㉝～㉟生地を手で引っ張ってのばす。㊱厚手の布を敷いた天板の上に並べる。㊲32℃の場所で約40分ホイロをとる。

ホイロ後

㊳～㊴天板を入れてオーブンの予熱をする。オーブンペーパーを台に敷き、板を使ってホイロ後の生地を移す。㊵斜めに2本クープを入れる。㊶熱い天板の上にオーブンペーパーごと移し、霧吹きで水をたっぷり吹きかけて、約230℃で20～25分焼く。

Brezel

ブレッツェル

お酒のおつまみにもぴったりなドイツパン

Point

作る前に必ず
P206の注意を読むこと

発酵やホイロ、焼くときなど
常に乾燥に気をつける

Brezel

ブレッツェル

材料（7個分）

フランスパン専用粉（フランス）…250g
砂糖…5g
塩…5g
脱脂粉乳…5g
ショートニング…8g
生イースト…8g（インスタントドライイーストの場合は4g）
水…125g
ロックソルト（なければ粗塩）…適量
油脂類（ボウルにぬる用）…適量

アルカリ溶液の材料

水酸化ナトリウム（苛性ソーダ）…60g
水…2ℓ

所要時間
当日 2時間30分

難易度
★★★

※水酸化ナトリウムは劇薬です。購入するときは薬局で使用目的や印鑑が必要になります。

※こね上げ温度25～27℃

材料を混ぜる → 台の上で練る → こねる（約15分）

15分間こねた状態

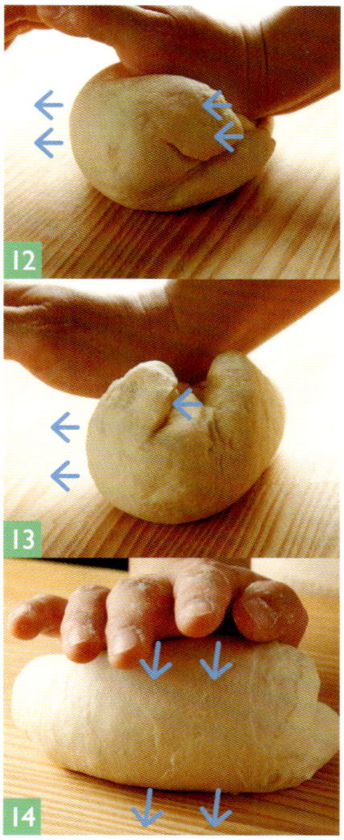

❶ボウルに、フランスパン専用粉、砂糖、塩、脱脂粉乳、ショートニングを合わせる。❷別のボウルに、生イーストと水を泡立て器で混ぜる。❸～❹①のボウルに②を加え、指先で混ぜる。❺ひとかたまりになったら、台に出す。

❻～❼手やボウルについた生地もカードできれいに取る。生地を両手でつかみ上下に動かしながら引きちぎるように練る。❽全体の固さが同じになったら、カードでかき集める。手についた生地はこすり合わせてきれいに取る。❾～❿生地を手前に半分に折る。

⓫合わせ目を手のひらで押し出すようにしてこねる。合わせ目が上を向いたら生地の向きを変えて半分に折り、押し出すようにして約15分こね続ける。⓬～⓮かたい生地なので力を入れてしっかりこねる。

発酵（28～30℃で約30分） → 分割 → 丸め → ベンチタイム（約10分） → アルカリ溶液を作る → 成形 → 次のページへ

15
16

発酵後

17
18

⑮～⑯グルテン膜のチェックをして写真のような膜が張っていたら、油脂類をぬったボウルに生地を入れ、乾燥しないよう28～30℃の場所で約30分発酵させる。⑰～⑱発酵後の生地を台に出し、1個55gに分割する。

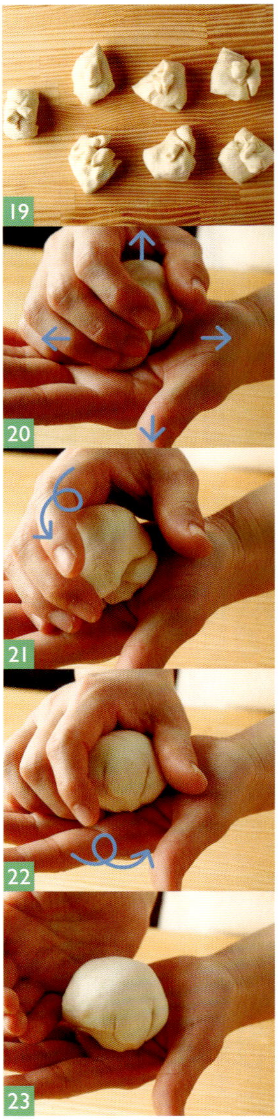

19
20
21
22
23

⑲～㉓生地が余ったら等分して分割後の生地に分ける。生地を手のひらに置き、片方の手を猫の手のようにして生地にかぶせる。手のひらに生地をこすりつけるように反時計回りに回して軽く丸める。㉔ビニールをかけて約10分ベンチタイムをとる。

24
25
26
27
28

㉕～㉘アルカリ溶液の材料をプラスチック製の密閉容器に入れ泡立て器で混ぜる。

Point! **周りに飛び散らないよう混ぜる**

アルカリ溶液は劇薬です。目に入ったり口に入ったりしないよう注意して混ぜましょう。

29
30
31
32
33

㉙～㉚ベンチタイム後の生地をひっくり返して、手のひらで平らにする。㉛～㉝成形のために40～50cmまでのばすが、ここではいったん約20cmにのばす。

成形

㉞生地がかたく乾きやすいので、ビニールをかけておく。㉟～㊳いったんめん棒でのばした生地を、長さが40～50cmになるように両面を交互にめん棒でのばす。残りの生地はめん棒でのばすまでビニールをかけておき、乾燥を防ぐ。

㊴生地の上端をひと巻きして芯を作る。㊵～㊶生地を台からはがし、片手を添える。㊷～㊸片方の手で芯を転がし、もう片方の手で生地を少し引っ張りながら巻く。

㊹巻き目がたくさんできるのがベストな形。㊺～㊻㉟～㊹の要領ですべての生地を巻く。㊼木の台や乾きやすい台の場合は霧吹きで水を吹きかけて湿らせる。㊽巻いた生地の中心を指で押さえる。

㊾～(52)生地の中心に手を添え外側に向かって転がして、約60cmの棒状にする。このとき、生地の中心を太く残したままのばす。(53)生地の先端は細くせず少し太い所を残す。

成形 → ホイロ（約32℃で約30分） → アルカリ溶液に浸ける → 焼く（約230℃で18～20分）

54

55

56

57

58

54～56生地の両端を持って交差させる。57～58さらにひと巻きしてひねる。

59

60

61

62

63

59～60生地の両端を、上のやや太い部分につけて固定する。61～62形を整える。63天板の上に厚手の布を敷き、成形した生地を置く。

64

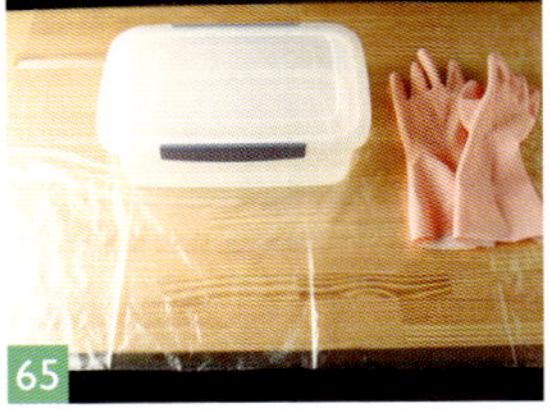
65

ホイロ後

66

67

64天板ごとビニール袋に入れ、約32℃で約30分ホイロをとる。65アルカリ溶液に浸す準備をする。台にビニールを敷き、ゴム手袋をする。危険なので素手では決して触らないこと。66～67ホイロ後の生地全面を、アルカリ溶液に浸す。

68

69

70

71

72

68～69アルカリ溶液に浸した生地をオーブンペーパーを敷いた天板の上に置く。70生地の太い部分にクープを1本入れる。71クープを入れた部分にロックソルトをのせる。72霧吹きで水をたっぷり吹きかけて約230℃のオーブンで18～20分焼く。

おさらいしておきたい

パンの用語集

本書で使用されている、パンについての用語を解説。
パン作りのおさらいにもなります。

あ行

アルカリ溶液

水酸化ナトリウム（苛性ソーダ）を、水に溶かしたもの。これにブレッツェル生地を浸してから焼くことで、独特な焼き色と風味が生まれる。1ℓの水に対して、30g以下の水酸化ナトリウムの量を使用することが法律で決められている。

必ずゴム手袋をしてから作業を行うこと

イースト

パン生地内の糖分をエサに活動し、炭酸ガスや有機酸などの副産物を排出する。生イーストと予備発酵が必要なドライイースト、予備発酵のいらないインスタントドライイーストがある。

発酵前より1.5～2倍ほどふくらむ

インベルターゼ活性

イーストに含まれるデンプンの分解酵素の一種。イーストはインベルターゼ、マルターゼ、チマーゼという分解酵素をもっている。インベルターゼ活性の強いタイプのイーストを糖分が含まれたパン生地に使用すれば、発酵力が促進される。

ヴィエノワズリー

フランス語で、砂糖や卵などが多く含まれたリッチな菓子パンのこと。クロワッサン、デニッシュペストリー、ブリオッシュなどがそれにあたる。ウイーンからフランスへ伝わったことからヴィエノワズリー（ウイーン風）と呼ばれている。

オーバーナイト法

クロワッサンやデニッシュペストリーといったバターが多い生地に適したパンの製法。生地の温度が高いとバターがやわらかくなってしまい扱いにくくなる。そのため、前日に生地を作って発酵させてから、冷蔵庫で冷やして扱いやすくするのが目的。

折りこみ

生地とバターをのばして折ることを繰り返す作業。クロワッサンやデニッシュペストリーは、通常三つ折りを3回行う。

か行

ガス

イーストが発酵過程で排出する炭酸ガスのこと。発酵後にパンチをすることを、「ガス抜き」とも表現する。

手のひらで軽く押さえてガスを抜く

クープ

ホイロ後の生地に、専用のナイフで入れる切りこみのこと。また、それを行うことを「クープを入れる」ともいう。おもにハード系のパンに入れる。

フランスパンのクープ

パン・ド・セイグルのクープ

生地の側面に深いシワが入る

酵母菌

パンやビール作りなどに使われる単細胞生物。狭義ではイーストのことを指す。

腰折れ(ケーブイン)

おもに食パンなど型で焼くタイプのパンに起こる、生地の側面が折れる現象。焼き上がり後すぐに型から出さなかったり、焼き不足やホイロのとりすぎなどが原因で起こってしまう。

こね上げ温度

規定の時間までこね、グルテン膜のチェックをしたあとにはかる生地の温度のこと。おおよそ24～30℃がベストなこね上げ温度。

規定の時間までこねる

温度計を刺してはかる

クラスト

パンの外側の皮のこと。ハード系のパンでは、クラストがパリッと仕上がるのがよい。

クラム

パンの内側のこと。クラムの目の細かさは、こねる時間などによっても変わってくる。

グルテン膜

パン生地を薄く伸ばしていくとできる網目状の膜。イーストが排出した炭酸ガスをグルテン膜がキャッチすることで、パンがふくらむ。

ソフト系のパンの膜

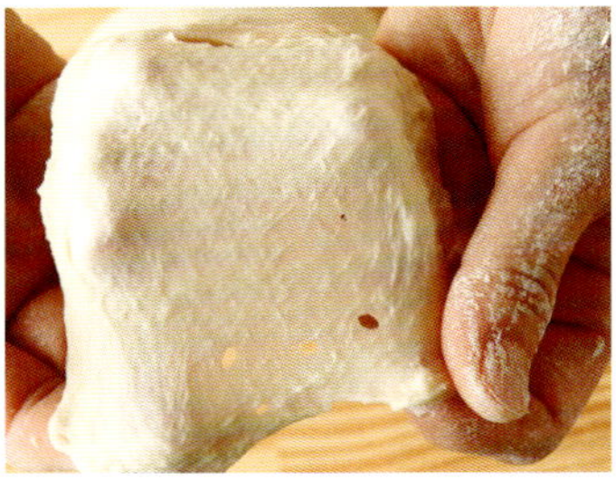

ハード系のパンの膜

結合水

水に何も溶けていない状態のものを自由水といい、水に塩や砂糖などの物質が溶けているもののことを結合水という。結合水が多い方がしっとりとしたパンができあがる。ストレート法より発酵種法のほうが時間をかけているぶん、結合水が多くなる。

さ行

ショートニング

植物性の固形油。特徴は無味無臭で水分が0%。パンの風味に特徴をつけずふっくらと焼き上げたいときに使う。また、生地の貼りつきを防ぐために型や発酵で使うボウルなどに薄くぬる。

水和

小麦粉の粒のひとつひとつが水に浸透すること。しっとりとした生地を作るには、小麦粉と水の粒子をなるべく均一に浸透させることが大切。発酵種法では、時間をかけてじっくりと水和させるため、焼き上がったあと乾燥しにくいパンができる。

水と粉類をよく混ぜることも大切

全粒粉

グラハム粉ともいう。小麦の表皮、胚乳、胚芽ごと製粉したもの。粗挽きと細挽きがある。粗挽きのものを使う場合は、前もって水と混ぜてふやかしておく工程が必要になることもある。

ソフト系パン

粉とイースト、水と塩の基本材料のほかに、卵、バターなどの副材料が含まれた、やわらかでしっとりとした食感のパンのこと。

メロンパン

バターロール

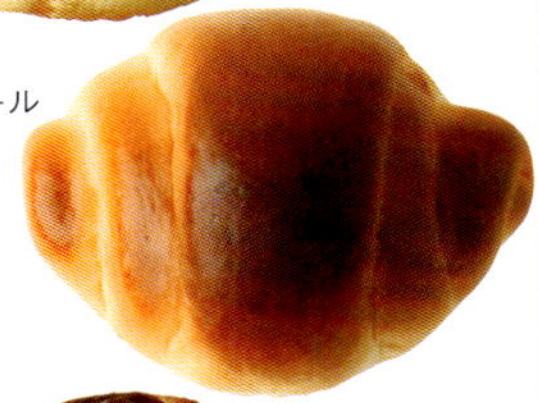

シナモンロール

た行

デニッシュペストリー

折りこみ生地にフルーツやカスタードクリームをのせた菓子パン。はじめて作られたのはオーストリアのウィーンだが、デンマークでとても普及したため、「デンマークの」という意味の「デニッシュペストリー」と名前がついた。デンマークには、デニッシュペストリーのようなリッチなパンのほか、ケシの実をかけたあっさりとしたパンも多い。

成形

生地を最終的な形に整えること。とくに、クロワッサンやデニッシュペストリーなどの折りこみ生地ではスピーディーに行うこと。

バターロールの成形

シナモンロールの成形

食パンの成形

ストレート法

材料を混ぜてこね、発酵させて焼くまでの工程を一度に行う方法。

スミット

表面にゴマをつけて焼いたリング状のパン。トルコでは朝食やおやつによく食べられている。中近東やアジアにはシンプルで平焼きタイプのパンが多く、イーストの量も少ないのが特徴。

そのほかのアジアのパン

1.エキメキ
トルコ語で「パン」のこと。平たくした生地に卵を塗り、香ばしいゴマを付けて焼いたもの。

2.ナン
タンドールという壺型の窯で焼く、インドの薄焼きパン。現地では家庭よりレストランなどで食べることが多い。

3.チャパティ
インドの薄い円状のパン。全粒粉と水を混ぜてこね、鉄鍋で焼いて作る。現地ではナンよりポピュラーである。

4.花巻
小麦粉と水を加えて練り、花形に成形して蒸して作る。発酵菌を使っているため、分類は発酵パンになる。

ピケ

指やピケローラーで生地に跡をつけること。ピケをすることで、生地を焼いたときに浮き上がらなくなる。ピザパンやフォカッチャの生地につけることが多い。

ビタミンC溶液

L-アスコルビン酸（ビタミンC）を水に溶かしたもの。パン生地のべたつきを防ぎ、コシを強くする働きがある。フランスパンやパン・ド・カンパーニュなどに使用することが多い。

ほんの少量しか使用しない

ブーランジェリー

フランス語で「パン店」のこと。フランスパンやパン・ド・カンパーニュのようなメインのパンのほか、クロワッサンをはじめとする、リッチな菓子パン（ヴィエノワズリー）を売っている店もある。

パリのブーランジェリー

は行

ハード系パン

粉とイースト、塩、水の基本材料で作られたパン。基本材料以外に少量の副材料が入ることもある。

フランスパン

パン・ド・カンパーニュ

バター

生地ののびと風味をよくし、ボリュームのある仕上がりにする。通常、パン作りに使用するのは無塩バターである。

発酵種

材料の一部の粉とイースト、水を混ぜ、発酵させた生地。あらかじめ材料の一部で発酵種を作ると、イーストがじっくりと発酵して生地の扱いがよくなる。2回以上のこね作業を行う。発酵生地として作り、余ったフランスパン生地は発酵生地をこねた当日に1時間ほど発酵をとり、オーブンで焼くと、パン粉やクルトンとして再利用できる。

パンチ

発酵の途中で、生地を平らにして押しつぶしてガスを抜くこと。発酵の過程でできた炭酸ガスの気泡をそろえ、パンの内側の目を細かくする役割がある。

そのほかの北欧のパン

1.トレコンブロート
デンマークの伝統的な食事パン。「トレ」は「3つの」、「コン」は「穀物」というデンマーク語。

2.カリヤラン・ピーラッカ
ライ麦粉で作った薄い生地に、ミルクがゆを包んで焼いたフィンランドのパン。カレリヤ地方のパイという意味。

3.フィラデン・リング
ライ麦製の酸味のある円状のパン。適当な大きさに切り、ハムやチーズなどと一緒に食べる。

な行

中種

材料の大半の粉とイースト、水を混ぜて発酵種を作る製法。中種の材料に砂糖を入れて発酵種を作る方法を加糖中種法という。

ホイロ

イーストの力を最大限に引き出し、ふっくらと焼き上げるために行う発酵工程。最終発酵ともいう。乾燥とホイロのしすぎに気をつける。ホイロ後の生地はデリケートなので、やさしく扱うことも大切。

パンの形を決める最終段階でもある

ポーリッシュ種

材料の一部の粉とイースト、塩、一部の水で作る液状の発酵種。発酵種より水を多く含むやわらかい種なので、水和が早く進み、独特な風味のあるパンに仕上がる。

ま行

マルターゼ活性

イーストがもともともつ分解酵素の一種。デンプンをいったん麦芽糖に変え、さらにブドウ糖に分解する性質のこと。マルターゼ活性が強いタイプのイーストは、シンプルなハード系パンに使用すると効力を発揮する。

分割

生地を分けること。カードやスケッパーで一気に切り分けるのがコツ。

ベンチタイム

分割して丸めた生地を、成形しやすくするためにいったん休ませること。休ませるのが目的なので長時間は置かない。

そのほかのフランスのパン

1. パン・オ・フィグ
シンプルな生地に乾燥いちじくが入ったパン。ほかにレーズンやプラムを加えたものもある。

2. フガス
フランスパン生地を平たくして切りこみを入れたり、穴を開けたりして作ったもの。

3. パン・オ・レザン
クロワッサン生地にレーズンやカスタードを入れて巻きこんだ甘いパン。

4. パン・ヴィエノワ
細かいクープが特徴の、棒状のやわらかいパン。サンドイッチバンズとして食べることも多い。

副材料

粉とイースト、水、塩以外に使われる材料のこと。砂糖、卵、バター、牛乳などが代表的。副材料を加えることで、発酵がスムーズに進んだり、食感や風味がよくなったりする。

卵　砂糖

フランスパン

フランスパンとは日本独自の呼び方で、正式には「パン・トラディショネル」という。パン・トラディショネルのなかでも長さや重さによって名前が変わる。フランスでは食事には欠かせないもっともポピュラーなもので、作り手や粉の配合の違いでさまざまな味わいに変わる。

リーン

砂糖や卵などの副材料があまり含まれていない、シンプルなパンのこと。このようなパンをリーンなパンという。

リッチ

砂糖や卵、バターなどが生地内にたくさん含まれていて、口当たりが濃厚でなめらかなこと。このようなパンのことをリッチなパンという。

ライ麦を使ったドイツのパン

1. プンパーニッケル
ライ麦粉を100%近く使用し、長時間かけて焼き上げるパン。酸味のある独特な味わい。

2. シンケンブロート
ライ麦粉70%配合の目のつまったパン。ハムやソーセージなど肉料理と相性がよい。

3. バウアンブロート
ドイツのポピュラーな田舎パン。ライ麦粉が50%含まれた素朴な味わいで、どんな料理にも合う。

や行

焼き上げ

パン作りの最終工程。規定の時間と温度にそって焼くが、オーブンの種類によって庫内の状態は異なるので、こまめに状態を確認しながら行う。

焼き色

パン生地を焼いてついた色。茶色く色づいたらベスト。ドイツやフランスでは比較的濃い目に焼き色をつけることが多い。

ら行

ライ麦粉

ライ麦を製粉した粉。ライ麦粉に含まれたタンパク質にはグルテンが少ないため、パン作りにおいては小麦粉を混ぜて使うことが多い。ライ麦粉を使ったパンはドイツやロシアなどで多く食べられている。

丸め

分割した生地を成形しやすいように丸くする工程。丸めでは、生地の表面にハリをもたせることが重要。

小型パンの丸め

大型パンの丸め

めん棒

生地をのばすときに使用する。めん棒の持ち方に気をつけると、均一の厚さにのばすことができる。

体の中心と生地の中心を合わせて持つ

モルトシロップ

麦芽糖を煮出した液。砂糖が含まれない生地の発酵を促進させるためにごく少量使う。

Bretzel

ブレッツェルを作る前の注意点

ブレッツェル作りでは以下の点に気をつけましょう

これだけは注意したいこと

注意点 1 作業台にはビニールをしく

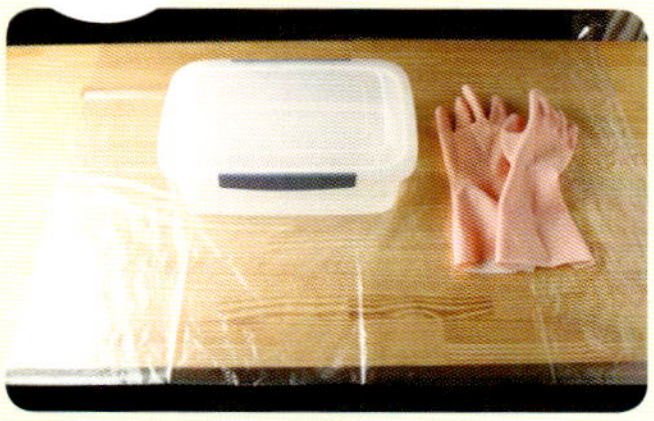

写真の3点セットをそろえたい

万が一作業台に飛び散ると、焦げたように黒く変色してしまう。大きなゴミ袋や厚手のビニールをしいて作業台をガードすること。

注意点 2 ゴム手袋をして作業をすること

万が一手にかかったら直ちに水で洗う

アルカリ溶液を素手で触ると、皮膚が焼けてしまうので、作業台にはビニールをしき、必ずゴム手袋をしてから作業をはじめること。

注意点 3 酸性の洗剤などには近づけない

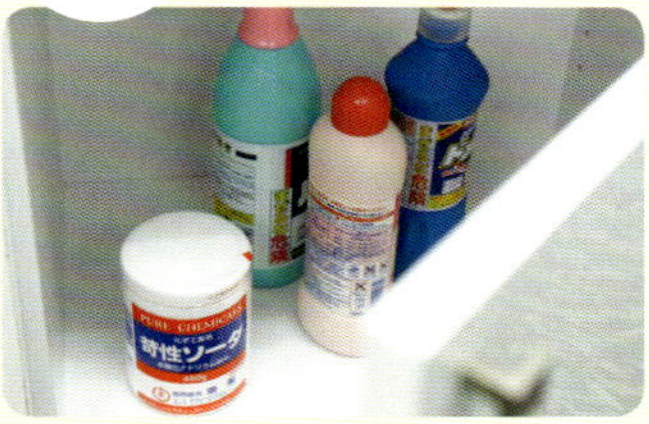

写真のように一緒に保管するのは避けたい

原薬もアルカリ溶液も、酸性の台所用洗剤や薬品などと混ざると発火する危険性が。酸性の薬品や洗剤に近づけないこと。

注意点 4 子どもがいるときは使用を避ける

手の届くところにも保管しないこと

アルカリ溶液は澄んでいるので、子どもが水と勘違いすることもある。万全を期して、子どもがいるところでは使用しない。

使用するときはくれぐれも慎重に！

ブレッツェルを作るときに必要な水酸化ナトリウムは、苛性ソーダとも呼ばれ、劇薬指定された薬品なので、薬局でしか購入できません。さらに、購入には住所や氏名などを記入したうえ、印鑑が必要になり、1ℓの水に対して30g以下と、使用方法も法律で定められています。

使用するときにも注意が必要です。まず、アルカリ溶液を作るときには、作業台にビニールをしき、必ずゴム手袋をしてから使いましょう。捨てるときは、水に薄めて流しに流します。使用後は、キャップをきちんとしめ、直射日光が当たらない乾燥した場所で保管します。酸性の洗剤類などと同じ場所で保管するのも避けたほうがよいでしょう。

このように劇薬指定された薬品を使うブレッツェルですが、食べても害はありません。それは、水酸化ナトリウムが焼き上げのときに化学反応を起こし、中性塩に変化するため。ブレッツェルの表面が茶色く変色し、食べると塩辛くなるのは、そのせいです。

パン作りが上達するための3か条

これだけはおさえておきたい3つのポイントを紹介

1か条 ひとつのパンをしっかり修得する

バターロールならバターロールと、同じパンを繰り返し作ることで、こねの感覚や発酵、丸め、オーブンでの焼き色のつき方などが少しずつわかってきます。毎回違うパンばかりを作るとかたさや発酵具合も異なり、作る度にそれに対応しないといけないので大変です。ひとつのパンをある程度満足できるくらいに作れるようになってきてから、ほかのパンに挑戦すると、失敗は少なくなります。

ひとつのパンを何度か作っていくうち、発酵の様子や焼き上がりの色の程度などもわかってくる。

バターロールは、初心者がチャレンジするのにぴったりな初級パン。

2か条 レシピ通りに作る

パンの材料で、糖分はイーストの栄養源に、塩はグルテンを引き締めるといった、それぞれの材料が大切な役割を担っています。たとえば甘みを抑えたいからといって砂糖を減らしたりすると甘みがなくなるだけではなく、イーストの活動も抑制してしまうので、膨らまないパンができたりします。材料を追加するのも同じこと。レシピ通り作ることではじめて、パン作りの成功に近づくのです。

レーズンパンを作りたいからといって、食パンのレシピにレーズンを混ぜればいいというわけではない。

3か条 パンを作るなら時間に余裕をもつ

本書には所要時間というものを載せていますが、人によってこねるスピードや分割や成形などの作業時間が違います。とくに最初のうちは、慣れるまで作業に時間がかかることが多いので、じゅうぶん時間があるときに作りましょう。

パン作りでは発酵時間がいちばん長くなります。食パンなどは、所要時間が5時間と書いてあっても、実際の手をかけて作業する、こね、パンチ、分割、成形の時間は、合計すると1時間くらいしかありません。それ以外の4時間は発酵か焼いている時間なのです。発酵時間は、そのパンにとってベストなものを載せていますが、たとえば「少し外出するから」といってその間は冷蔵庫に入れておけばいいというわけではありません。パンを作る前に、ざっと工程の流れを把握したり、タイムスケジュールを作成したりして、きちんと時間の管理を行いましょう。

パンを作る日には、こまめに生地の状態が確認できるくらい、時間に余裕をもっていたいもの。

[著者]
坂本りか
RIKA SAKAMOTO

大阪あべの辻製菓専門学校卒業、同校職員として4年間勤務。エコールキュリネール国立製菓専門カレッジで開校より助教授として12年間勤務。主に製パンを担当。2003年パン教室Bread&Sweetsを東京都府中市に開校（現在は成城に移転）。著書に「イチバン親切なパンの教科書」（新星出版社）などがある。

パン教室　Bread & Sweets
東京都世田谷区成城4-9-4
http://www.pan-to-okashi.jp/

イチバン親切な やさしいパンの教科書

著　者　坂本りか
発行者　富永靖弘
印刷所　慶昌堂印刷株式会社

発行所　東京都台東区台東2丁目24　株式会社 新星出版社
〒110-0016　☎03(3831)0743

ISBN978-4-405-09166-5